LAS CLAVES DE LA NUMEROLOGÍA CABALÍSTICA

Rabí Aharón Shlezinger

LAS CLAVES DE LA NUMEROLOGÍA CABALÍSTICA

EDICIONES OBELISCO

Si este libro le ha interesado y desea que lo mantengamos informado
de nuestras publicaciones escríbanos indicándonos qué temas
son de su interés (Astrología, Autoayuda, Cábala y Judaísmo, Naturismo,
Espiritualidad, Tradición...) y gustosamente lo complaceremos.

Puede consultar nuestro catálogo en www.edicionesobelisco.com

Colección *Alef*
Las claves de la numerología cabalística
Rabí Aharón Shlezinger

1.ª edición: abril de 2011
3.ª edición: mayo de 2023

Maquetación: *Marta Ribón*
Corrección: *Mª Jesús Rodríguez*
Diseño cubierta: *Enrique Iborra*

© 2011, *Aharón Shlezinger*
(Reservados todos los derechos)
© 2011, Ediciones Obelisco, S. L.
(Reservados los derechos para la presente edición)

Edita: Ediciones Obelisco, S. L.
Collita, 23-25. Pol. Ind. Molí de la Bastida
08191 Rubí - Barcelona - España
Tel. 93 309 85 25
E-mail: info@edicionesobelisco.com

ISBN: 978-84-9777-735-3
Depósito legal: B-10.725-2011

Printed in Spain

Impreso en España en los talleres de Romanyà/Valls S. A.
Verdaguer, l. 08786 Capellades (Barcelona)

Reservados todos los derechos. Ninguna parte de esta publicación, incluido el diseño
de la cubierta, puede ser reproducida, almacenada, transmitida o utilizada en manera algu-
na por ningún medio, ya sea electrónico, químico, mecánico, óptico, de grabación
o electrográfico, sin el previo consentimiento por escrito del editor.
Diríjase a CEDRO (Centro Español de Derechos Reprográficos, www.cedro.org)
si necesita fotocopiar o escanear algún fragmento de esta obra.

PRÓLOGO

Los seres humanos necesitan comunicarse para vivir alegres, felices y motivados. Quien se negara a hacerlo carecerá de receptores para compartir sus pensamientos, ideas e iniciativas; no tendrá a quién contar sus logros, e incluso sus tristezas y fracasos, y eso lo hará sentir solo y desanimado.

Este principio elemental se encuentra indicado en el inicio del Pentateuco. Como está escrito: «Dios creó al hombre a su imagen, según la imagen de Dios lo creó; varón y hembra los creó» (Génesis 1:26-27). Esta declaración, en plural, revela que en un comienzo el hombre era hermafrodita; tenía adosado a su dorso el cuerpo de una mujer. Asimismo, el hombre reinaba sobre todo el mundo y gozaba de majestuosos honores; mas se sentía solo y no era feliz. Le faltaba compartir sus vivencias, y ese vacío no podía ser llenado con ninguna de las bondades que tenía a su alrededor.

Por eso a continuación está escrito: El Eterno Dios dijo: «No es bueno que el hombre esté solo; le haré una compañera frente a él» (Génesis 2:18). Obsérvese que está dicho «frente a él», para que la pudiese ver y comunicarse con ella apropiadamente.

La esencia de la comunicación

La comunicación forma parte de la esencia intrínseca del ser humano. Como está escrito: «El Eterno Dios hizo al hombre del polvo de la tierra, y espiró en su nariz alma de vida; y el hombre fue un ser viviente —*nefesh jaia*—» (Génesis 2:7). Esta declaración revela que el hombre posee alma de vida, al igual que todos los demás seres vivientes, pero también tiene facultades cognitivas y capacidad de hablar —*nefesh jaia*—. Tal como Onkelus traduce al arameo: *ruaj memalelá*. Esta expresión significa: «capacidad de hablar».

El individuo fue creado con las facultades necesarias para comunicarse con los demás miembros de su especie y vivir en sociedad, siendo éste un principio elemental de toda la creación. Ahora bien, ¿qué hace falta para comunicarse? Tres elementos: letras, números y habla. Las letras constituyen las palabras que uno pronuncia a través del habla; y los números limitan la voluntad del deseo.

Por ejemplo, un hombre le puede decir a su amigo que mañana por la noche se reunirán para celebrar su cumpleaños, y que le agradaría mucho que asistiese. El receptor del mensaje muy posiblemente aceptará con gusto la invitación, pero no podrá presentarse en el lugar de la celebración a menos que su amigo le suministre los datos apropiados. Le deberá informar de la hora a la que se reunirán y también de la dirección exacta.

Lo mismo sucederá con una visita al zoológico. Una persona puede desear concurrir a ese lugar con los demás miembros de su familia. Aunque para que ellos lo sepan deberá decírselo y saber si están de acuerdo. En caso de obtener una respuesta positiva, será necesario fijar un horario de salida. Cuando ese tiempo llegue, se dirigirán a la estación de trenes y se tendrán que informar de la cantidad de pasajes que necesitan. Entonces, el empleado que expende los boletos indicará el importe que deberá ser pagado. Una vez en el zoológico, tendrán que adquirir el billete de entrada, y para ello deberán indicar cuántos precisan, informando a su vez que son dos mayores y dos menores, y el empleado les comunicará el importe exacto que deberán pagar.

Como se aprecia, toda la vida está rodeada de letras, números y habla. Se trata de tres medios imprescindibles para estar insertado dentro de la sociedad en forma armónica y apropiada. Por tal razón, es importante compenetrarse intrínsecamente con los pormenores de este trascendental trío y comprenderlos debidamente. Ayudará a entender las razones de la creación y los fundamentos existenciales.

En esta obra nos ocuparemos de analizar la química de las letras hebreas, pues las mismas están asociadas a estos tres elementos en forma esencial. Cada letra posee un gráfico especifico, una pronunciación determinada y un valor numérico que la identifica. Asimismo, las letras del alfabeto interactúan entre sí, permutándose y combinándose, formando una sociedad idónea y compensativa.

Esta sabiduría consiste en el fundamento de toda la creación. Quien domine los sistemas de combinaciones de las letras podrá realizar maravillas con las mismas, mejorando su poder de percepción de la realidad y también la calidad de vida.

I
LA ESENCIA DE LAS LETRAS HEBREAS

Las letras hebreas son los entes primarios utilizados por Dios para concebir y llevar a cabo la creación de todo lo existente. El universo entero fue originado y plasmado por Él mediante la pronunciación de palabras formadas por letras. Y no sólo los entes materiales fueron realizados de este modo, sino también los espirituales, como está escrito: «Los Cielos fueron hechos por la palabra de El Eterno; y todo el ejército de ellos, por el aliento de Su boca» (Salmos 33:6). Se aprende de esta declaración que todo lo que hay en los Cielos, incluyéndose los cuerpos celestes, las órbitas, y también los ángeles celestiales, fueron hechos mediante la palabra de El Eterno y Su aliento (Radak; Malbim; Metzudat David).

Otra fuente precisa que confirma esta afirmación la hallamos en el inicio del Génesis. En los primeros versículos se describe el proceso de la creación de los Cielos y la Tierra, y se revela que todo fue hecho por Dios a través de la palabra. Como está escrito: «Dijo Dios: Sea la luz; y fue la luz» (Génesis 1:4). «Dijo Dios: Haya expansión en medio de las aguas y que separe las aguas de las aguas» (Génesis 1:6). Y como éstas, hay allí otras ocho declaraciones que manifiestan que Dios creó todo a través de la palabra.

Ahora bien, respecto a la forma en que lo hizo, es algo que se explica en el libro de cábala titulado Zohar. En el volumen II de esa obra consta esta importante revelación: «Cuando El Santo, Bendito Sea, creó el mundo, observó en la Torá y creó el mundo». Y a continuación se dilucida: «Dos mil años antes de crear el mundo. El Santo, Bendito Sea creó la Torá. Y cuando quiso crear el mundo, observaba cada palabra de la Torá, y en correspondencia con la misma hacía una obra específica. Pues todo lo que existe en todos los mundos que fueron creados por El Santo, Bendito Sea, está enraizado en la Torá que Él creó previamente, y a partir de allí cada ente se proyectó hacia el exterior. Por eso cuando El Santo, Bendito Sea, creó el mundo observaba en la Torá y lo creaba» (II Zohar 161a).

Propiedades de las letras

La cantidad de letras que fueron utilizadas para escribir las palabras de la Torá que dieron lugar a todo lo existente son exactamente 22. Tal como consta en el antiquísimo libro de cábala titulado *Sefer Ietzirá*, que, según se sabe por tradición, fue escrito por el patriarca Abraham.

Al comienzo de esta obra se enuncia: «Por medio de treinta y dos senderos maravillosos de sabiduría Dios, El Eterno de las Legiones, Dios de Israel, Dios vivo, Soberano del universo, Todopoderoso, Clemente y Misericordioso, Elevado y Exaltado, Morador de la eternidad, cuyo Nombre es santo y supremo, grabó y creó su universo con tres dimensiones: con texto, con número y con habla» (Sefer Ietzirá 1:1).

Texto se refiere a la forma de cada una de las letras, el dibujo específico que las caracteriza y diferencia de las demás; número, corresponde con el valor numérico de las mismas; y habla se refiere a su pronunciación.

A continuación se manifiesta: «Estos senderos son: las diez emanaciones primordiales —*sefirot*— y las veintidós letras fundamentales» (Sefer Ietzirá 1:2).

Lo relacionado con las diez emanaciones primordiales –*sefirot*– ya lo he explicado, en forma elemental, en el libro *Numerología y Cábala*. Me referiré aquí exclusivamente a las letras, que constituyen el tema central de esta obra.

Las 22 letras enunciadas conforman el alfabeto hebreo y cada una de las mismas tiene asignado un valor numérico esencial. La suma de estos valores posibilita obtener ecuaciones que derivan en importantes revelaciones. Este proceso de cálculo de los valores de las letras hebreas se denomina *guematria*.

Al respecto está escrito en la Mishná: «Dijo Rabí Elazar Jisma: Los cálculos astronómicos y las deducciones a través de *guematria* son el aperitivo de la Torá» (Tratado de Avot 3:18).

La senda de la numerología

El que hemos mencionado es el sistema básico de deducciones a través de *guematria*, aunque debemos decir que existen muchos más, y de diversa complejidad. Comenzaremos nuestra introducción a este campo aprendiendo la forma y el valor numérico básico de cada letra; después nos abocaremos a estudiar otros sistemas, cada vez más complejos.

Alfabeto

- Letra *alef*
La primera letra del alfabeto hebreo es *alef*.
Ésta es la forma de la letra *alef*:

El valor numérico de *alef* es 1.

- Letra **bet**

La segunda letra del alfabeto hebreo es *bet*.
Ésta es la forma de la letra *bet:*

ב

El valor numérico de *bet* es 2.

- Letra **guimel**

La tercera letra del alfabeto hebreo es *guimel*.
Ésta es la forma de la letra *guimel:*

ג

El valor numérico de *guimel* es 3.

- Letra **dalet**

La cuarta letra del alfabeto hebreo es *dalet*.
Ésta es la forma de la letra *dalet:*

ד

El valor numérico de *dalet* es 4.

- Letra **he**

La quinta letra del alfabeto hebreo es *he*.
Ésta es la forma de la letra *he:*

ה

El valor numérico de *he* es 5.

- Letra *vav*
La sexta letra del alfabeto hebreo es *vav*.
Ésta es la forma de la letra *vav:*

ו

El valor numérico de *vav* es 6.

- Letra *zain*
La séptima letra del alfabeto hebreo es *zain*.
Ésta es la forma de la letra *zain:*

ז

El valor numérico de *zain* es 7.

- Letra *jet*
La octava letra del alfabeto hebreo es *jet*.
Ésta es la forma de la letra *jet:*

ח

El valor numérico de *jet* es 8.

- Letra *tet*
La novena letra del alfabeto hebreo es *tet*.
Ésta es la forma de la letra *tet:*

El valor numérico de *tet* es 9.

- Letra *iud*
La décima letra del alfabeto hebreo es *iud*.
Ésta es la forma de la letra *iud:*

י

El valor numérico de *iud* es 10.

- Letra *kaf*
La undécima letra del alfabeto hebreo es *kaf.*
La letra *kaf* se caracteriza por tener una forma específica cuando se la utiliza en el comienzo de una palabra o en medio de la misma; mas si ha de ser escrita al final de la palabra, posee una forma diferente.

Ésta es la forma de la letra *kaf* para ser utilizada en cualquier parte de la palabra que no fuere el final:

כ

Cuando se la ha de escribir al final de la palabra, se la denomina *kaf sofit* –*kaf* final– y tiene esta forma:

ך

El valor numérico de *kaf* es 20.

- Letra *lamed*
La duodécima letra del alfabeto hebreo es *lamed*.
Ésta es la forma de la letra *lamed:*

ל

El valor numérico de *lamed* es 30.

- Letra **mem**

La decimotercera letra del alfabeto hebreo es *mem*.

La letra *mem* también se caracteriza por tener una forma específica cuando se la utiliza en el comienzo de una palabra o en medio de la misma; mas si ha de ser escrita al final de la palabra, posee una forma diferente.

La letra *mem* común, que se escribe al comienzo o en medio de una palabra, es abierta. Es decir, posee un pequeño espacio abierto en el extremo inferior izquierdo. Ésta es su forma:

מ

Cuando se la ha de escribir al final de la palabra, se la denomina *mem sofit* –mem final– y es totalmente cerrada. Ésta es su forma:

ם

El valor numérico de *mem* es 40.

- Letra **nun**

La decimocuarta letra del alfabeto hebreo es *nun*.

La letra *nun*, al igual que *mem*, tiene una forma específica cuando se la utiliza en el comienzo de una palabra o en medio de la misma; mas si ha de ser escrita al final de la palabra, posee una forma diferente.

La letra *nun* común, que se escribe al comienzo o en medio de una palabra, posee aspecto encorvado. Ésta es su forma:

נ

Cuando se la ha de escribir al final de la palabra, se la denomina *nun sofit* –nun final– y posee aspecto extendido. Ésta es su forma:

ן

El valor numérico de *nun* es 50.

- Letra **samej**
La decimoquinta letra del alfabeto hebreo es *samej*.
Ésta es la forma de la letra *samej:*

ס

El valor numérico de *samej* es 60.

- Letra **ain**
La decimosexta letra del alfabeto hebreo es *ain*.
Ésta es la forma de la letra *ain:*

ע

El valor numérico de *ain* es 70.

- Letra **pe**
La decimoséptima letra del alfabeto hebreo es *pe*.

La letra *pe*, al igual que *kaf, mem* y *nun*, tiene una forma específica cuando se la utiliza en el comienzo de una palabra o en medio de la misma; mas si ha de ser escrita al final, posee una forma diferente.

La letra *pe* común, que se escribe al comienzo o en medio de una palabra, posee aspecto cerrado. Ésta es su forma:

Cuando se la ha de escribir al final de la palabra, se la denomina *pe sofit* –*pe* final– y posee aspecto abierto. Ésta es su forma:

ף

El valor numérico de *pe* es 80.

- Letra **tzadi**

La decimoctava letra del alfabeto hebreo es *tzadi*. La letra *tzadi* también tiene una forma específica cuando se la utiliza en el comienzo de una palabra o en medio de la misma; mas si ha de ser escrita al final, posee una forma diferente.

La letra *tzadi* común, que se escribe al comienzo o en medio de una palabra, posee aspecto encorvado. Ésta es su forma:

צ

Cuando se la ha de escribir al final de la palabra, se la denomina *tzadi sofit* –*tzadi* final– y posee aspecto extendido. Ésta es su forma:

El valor numérico de *tzadi* es 90.

- Letra **kuf**

La decimonovena letra del alfabeto hebreo es *kuf*. Ésta es la forma de la letra *kuf*:

ק

El valor numérico de *kuf* es 100.

19

- Letra **reish**
La vigésima letra del alfabeto hebreo es *reish*.
Ésta es la forma de la letra *reish:*

ר

El valor numérico de *reish* es 200.

- Letra **shin**
La vigésimo primera letra del alfabeto hebreo es *shin*.
Ésta es la forma de la letra *shin:*

El valor numérico de *shin* es 300.

- Letra **tav**
La vigésimo segunda letra del alfabeto hebreo es *tav*.
Ésta es la forma de la letra *tav:*

ת

El valor numérico de *tav* es 400.

RESEÑA DE VALORES NUMÉRICOS

Hemos apreciado que cada letra tiene un valor numérico específico que la identifica. Ésta es la tabla completa del valor numérico de las letras hebreas:

א = 1	י = 10	ק = 100
ב = 2	כ = 20	ר = 200
ג = 3	ל = 30	ש = 300
ד = 4	מ = 40	ת = 400
ה = 5	נ = 50	
ו = 6	ס = 60	
ז = 7	ע = 70	
ח = 8	פ = 80	
ט = 9	צ = 90	

Aplicaciones de la numerología

Ahora que conocemos el valor numérico de cada letra hebrea, comenzaremos a realizar las primeras ecuaciones.

Está escrito: «Abraham era anciano, bien entrado en años, y El Eterno había bendecido a Abraham en todo –*bakol*–. Y Abraham le dijo a su siervo, el más antiguo de su casa, quien estaba a cargo de todo lo que poseía: Coloca ahora tu mano bajo mi muslo, y te haré jurar por El Eterno, Dios de los Cielos y Dios de la Tierra, que no has de tomar mujer para mi hijo de las hijas de los cananeos, entre quienes resido; sino que irás a mi tierra, a mi lugar nativo, y tomarás una mujer para mi hijo Isaac» (Génesis 24:1-4).

¿Qué indica la expresión: «en todo –*bakol*–»? Señala que El Eterno le había concedido un hijo. Pues de no ser así, ¿qué sentido tiene en este lugar la declaración que revela que El Eterno había bendecido a Abraham «en todo»?

Considerad que todo el tiempo que Abraham no poseía un hijo, la bendición que El Eterno le había dado no le servía de nada. Tal como se aprecia en el texto bíblico mismo, donde se advierte que después de la gran bendición impartida por El Eterno a Abraham, él aún reclamaba que no tenía hijos que le heredasen. Como está escrito: «Después de estos sucesos, la palabra de El Eterno le sobrevino a Abram en una visión, diciendo: No temas, Abram, Yo soy un escudo para ti; tu recompensa es muy grande. Y dijo Abram: Señor mío, El Eterno: ¿Qué puedes darme, si yo no tengo hijos y el mayordomo de mi casa es Eliezer, el damasceno? Y dijo Abram: He aquí que no me has dado prole; y el –sirviente– que mora en mi casa me ha de heredar. Y la palabra de El Eterno vino a él, diciendo: No te heredará él; sino que aquel que saldrá de tus entrañas, él te heredará. Y lo llevó afuera, y le dijo: Contempla, por favor, los Cielos, y cuenta las estrellas, si es que puedes contarlas; y le dijo: ¡Así será tu descendencia! Y creyó a El Eterno; y se lo consideró como mérito. Y le dijo: ¡Yo soy El Eterno, quien te sacó de Ur Kasdim para darte esta tierra para que la heredaras!» (Génesis 15:1-7).

Pero ahora que tenía un hijo, todas las bendiciones que El Eterno le había otorgado eran concretas. Por eso se declara: «El Eterno había bendecido a Abraham en todo –*bakol*–» (Génesis 24:1; Rashi, Gur Arie).

Ahora bien, ¿de dónde se aprende lo revelado, es decir, que «en todo» se refiere al nacimiento de un hijo?

Se lo aprende del valor numérico de la expresión «en todo», que en hebreo es *bakol*.

Bakol en el original hebreo está escrito así:

בכל

Éste es su valor numérico:

$$\begin{aligned} \beth &= 2 \\ \supset &= 20 \\ \lambda &= 30 \\ \hline &52 \end{aligned}$$

Veamos ahora el valor numérico de hijo, que en el original hebreo se expresa mediante la locución: *ben*.

$$\begin{aligned} \beth &= 2 \\ \daleth &= 50 \\ \hline &52 \end{aligned}$$

La igualdad numérica existente entre las locuciones *bakol* y *ben* revela que El Eterno bendijo a Abraham con un hijo (Rashi).

El misterio de la creación

Veamos otro caso de igualdad numérica: hemos dicho que cuando El Santo, Bendito Sea, creó el mundo observaba en la Torá y lo creaba (II Zohar 161a). Esto se encuentra aludido en la primera palabra que aparece en el Génesis.

Obsérvese que al comienzo de la creación está escrito: «En un comienzo –*bereshit*– creó Dios a los Cielos y a la Tierra» (Génesis 1:1).

«En un comienzo –*bereshit*–», en el original hebreo está escrito así:

בראשית

Calculemos su valor numérico:

ב = 2
ר = 200
א = 1
ש = 300
י = 10
ת = 400

913

Ahora bien, «creó a través de la Torá –*batorá iatzar*–», en hebreo se escribe así:

בתורה יצר

Veamos el valor numérico de esta expresión:

ב = 2
ת = 400
ו = 6
ר = 200
ה = 5
י = 10
צ = 90
ר = 200

913

La igualdad numérica existente entre las locuciones *bereshit* y *batorá iatzar* revela que El Eterno creó el mundo a través de la

Torá. Como está escrito acerca de la Torá: «El Eterno me atesoró en el comienzo de su plan, desde antaño, antes de realizar sus obras» (Proverbios 8:22) (Rokeaj).

Una ecuación compleja

Veamos una ecuación más compleja: en el libro del Génesis está escrito: «Entonces Abraham tomó a su hijo Ismael y a todos los nacidos en su casa, y a todos los que había comprado con dinero, a todos los varones de la casa de Abraham, y cortó la carne del prepucio de ellos aquel mismo día, tal como Dios se lo había dicho. Abraham tenía noventa y nueve años cuando fue circuncidada la carne de su prepucio. Y su hijo Ismael tenía trece años cuando fue circuncidada la carne de su prepucio. Aquel mismo día fue circuncidado Abraham y su hijo Ismael, y todos los hombres de su casa; tanto los nacidos en su casa como los comprados con dinero a un extranjero, fueron circuncidados junto con él» (Génesis 17:23-27). Y a continuación está escrito: «El Eterno se le apareció en la planicie de Mamre; y él estaba sentado en la entrada de la tienda, en pleno calor del día» (Génesis 18:1).

¿Qué revela esta sucesión de temas? Pues se narra que Abraham se había circuncidado, y a continuación se le aparece El Eterno. ¿Tiene algo que ver un asunto con el otro?

El sabio Baal Haturim enseña que sí, y se lo aprende del valor numérico de esta expresión.

«El Eterno se le apareció en la planicie», en el original hebreo está escrito así:

וירא אליו יהוה באלני

Calculemos el valor numérico de esta frase:

באלני		יהוה		אליו		בוירא	
ב =	2						
א =	1	י =	10	א =	1	ו =	6
ל =	30	ה =	5	ל =	30	י =	10
נ =	50	ו =	6	י =	10	ר =	200
י =	10	ה =	5	ו =	6	א =	1
	93		26		47		217

Sumemos ahora estos valores para obtener el resultado final:

$$217 + 47 + 26 + 93 = 383$$

Conclusión: El valor numérico de la declaración: «El Eterno se le apareció en la planicie» es 383.

Concordancia del valor numérico

«Para visitar al enfermo», en hebreo se escribe así:

לבקר בחולה

Calculemos el valor numérico de esta frase:

בחולה		לבקר	
ב =	2		
ח =	8	ל =	30
ו =	6	ב =	2
ל =	30	ק =	100
ה =	5	ר =	200
	51		332

Sumemos ahora estos valores para obtener el resultado final:

332 + 51 = 383

Conclusión: El valor numérico de la declaración: «para visitar al enfermo» es 383, el mismo que el correspondiente con la expresión: «El Eterno se le apareció en la planicie». Se aprende de aquí la importancia del precepto de visitar a los enfermos (Baal Haturim, Talmud, tratado de Babá Metzía 86b).

II
EL VALOR NUMÉRICO EXPANDIDO

La adjudicación numérica que hemos mencionado hasta aquí es la clásica. De acuerdo con los fundamentos de este sistema se le asigna el mismo valor a las letras que poseen una forma para ser escritas en cualquier lugar de la palabra que no fuere al final, y otra forma para ser escrita al final. Sin embargo, existe un sistema de adjudicación de valores según el cual se considera a cada letra en forma independiente. Esto implica la asignación de un valor distinto a cada una de las cinco letras finales que integran el alfabeto hebreo.

El origen de las letras finales

Para comprender la razón de estas asignaciones independientes, estudiaremos el fundamento de las cinco letras finales, y también apreciaremos una visión mística relacionada con el asunto. Después dilucidaremos lo referente a la adjudicación numérica.

En el Midrash se enseña: Dijo Rabí Simón en el nombre de Rabí Iehoshúa ben Leví: «Las letras dobles, las cuales se presentan en su modo simple utilizado en el medio de las palabras, y también en su modo de letras finales utilizado al final de las palabras, son denominadas *Mantzepaj Tzofim*».

Mantzepaj es una sigla formada por las letras: *mem, nun, tzadi, pe* y *kaf*. Las mismas provienen de una enseñanza impartida por El Eterno a Moisés en el monte Sinaí. Sin embargo, pasados los años, esta ley fue olvidada; más los profetas, denominados *tzofim*, la recuperaron.

Rabí Irmia mencionó esta importante aclaración en nombre de Rabí Jía bar Aba: La sigla *Mantzepaj* no conserva el orden original de las letras de acuerdo a su disposición en el alfabeto. Pues *Mantzepaj* es una sigla formada por las letras: *mem, nun, tzadi, pe, kaf*. Y en el alfabeto, el orden de tales letras es éste: *kaf, mem, nun, tzadi, pe*. ¿Por qué razón fue alterado el orden en la denominación?

Esta irregularidad enseña que *Mantzepaj* es un acrónimo formado por las palabras: *min tzopaj*, que significa: «de los visionarios». Es decir, se alude a los profetas, quienes observan y ven a través de su espíritu de santidad *–ruaj hakodesh–*. Y por eso ellos tuvieron la capacidad de recuperar la ley olvidada concerniente a las letras finales.

¿Y quiénes eran estos profetas?

En el Midrash se dilucida a través de este suceso: Aconteció en un día nublado, en el cual casi todos permanecían encerrados en sus hogares, que los sabios no ingresaron al establecimiento de estudio, donde se congregaban. Sin embargo había allí unos niños que dijeron: «¡Vayamos y hagamos nosotros una reunión en el establecimiento de estudio, donde se congregan los mayores!».

Ellos fueron y llevaron a cabo la reunión de estudio como lo hacían los mayores. Dijeron: «¿Cuál es el motivo por el cual está escrito en el alfabeto hebreo *mem–mem, nun–nun, tzadi–tzadi, pe–pe, kaf–kaf*? ¡Estas letras no están escritas doblemente en vano, sino para indicar una enseñanza importante!».

La duplicación enseña: de dicho –*maamar*– a dicho –*maamar*–, de fiel –*neemán*– a fiel –*neemán*–, de justo –*tzadik*–, a justo –*tzadik*–, de boca –*pe*– a boca –*pe*–, de palma –*kaf*– a palma –*kaf*–.

Es decir: de dicho –*maamar*– a dicho –*maamar*– indica que la Torá fue entregada del dicho –*maamar*– de El Santo, Bendito Sea, al dicho –*maamar*– de Moisés.

De fiel –*neemán*– a fiel –*neemán*– indica que la Torá fue entregada directamente por El Santo, Bendito Sea, que es llamado «Dios, Rey Fiel –*neemán*–» (véase Talmud, tratado de Shabat 119), a Moisés, que también es llamado fiel –*neemán*–, como está escrito: «Pero no es así con Mi servidor Moisés, en toda Mi casa él es fiel» (Números 12:7).

De justo –*tzadik*– a justo –*tzadik*–, indica que la Torá fue entregada directamente por El Santo, Bendito Sea, que es llamado justo –*tzadik*–, como está escrito: «El Eterno es justo –*tzadik*– en todos sus caminos» (Salmos 145:7), a Moisés que es llamado justo –*tzadik*–, como está escrito: «Él eligió la primera porción para sí mismo, pues es allí donde está oculta la parte del legislador; él vino a la cabeza de la nación, llevando a cabo la justicia –*tzedaka*– de El Eterno y Sus ordenanzas con Israel» (Deuteronomio 33:21).

De boca –*pe*– a boca –*pe*–, indica que la Torá fue entregada directamente de la boca de El Santo, Bendito Sea, a la boca de Moisés.

De palma –*kaf*– a palma –*kaf*– indica que las tablas de la ley fueron entregadas directamente de la palma de la mano de El Santo, Bendito Sea, a la palma de la mano de Moisés, sin que hubiere ningún intermediario.

Al escuchar estas innovaciones referentes a los misterios de la Torá, los presentes dirigieron su atención y señalaron a los niños por su extraordinaria erudición demostrada. Y cuando crecieron, de ellos surgieron grandes sabios de Israel.

Hay quienes dicen que esos niños eran Rabí Eliezer, Rabí Iehoshúa, y Rabí Akiva. En referencia a ellos se pronunció el versículo que declara: «También por los actos de su niñez, se reconoce qué será cuando crezca; si sus actos serán limpios y rectos» (Proverbios 20:11) (Midrash Raba Bereshit 1:11).

27 CAMINOS DE ABUNDANCIA

Hemos apreciado la historia de estas letras dobles que poseen una forma para ser dispuesta al comienzo o en mitad de la palabra, y otra forma para ser dispuesta al final. Contemplaremos ahora un estudio místico en el que se revela que estas 27 letras deben ser consideradas en forma independiente.

En el libro de Éxodo está escrito: «Harás una mesa de madera de acacia, de dos codos de longitud, un codo de ancho y un codo y medio de alto. La revestirás de oro puro y le harás una cornisa de oro alrededor. Le harás alrededor una moldura menor de un palmo y harás una cornisa de oro sobre la moldura, a su derredor. Le harás cuatro anillos de oro y colocarás los anillos en las cuatro esquinas de sus cuatro patas. Los anillos se situarán frente a la moldura, como dispositivo para pasar las estacas, para transportar la mesa. Harás las estacas de madera de acacia y las revestirás de oro, y la mesa será transportada por medio de ellas. Harás sus platos, sus cucharas, sus mediacañas y sus armazones con los que será cubierta; de oro puro los harás. Sobre la mesa colocarás siempre el pan de la proposición ante Mí» (Éxodo 25:23-30).

Esta mesa estaba en actividad cuando el Templo Sagrado se encontraba en pie y había un altar; pero ahora que el mismo se halla destruido, ¿cómo se la reemplaza?

Los sabios enseñaron que la mesa de nuestros hogares reemplaza al altar. Como se enuncia en el Talmud: «En tiempos en que el Templo Sagrado se encuentra en pie, el altar expía las faltas de las personas; pero ahora que el Templo está destruido, la mesa del individuo realiza la expiación».

Además, otro detalle importante a considerar es que en el Templo Sagrado había dos altares, uno interior, para sahumar sobre él el incienso, y uno exterior, para ofrecer sobre él las ofrendas.

Por esta razón, el sabio cabalista *Rashash* enseñó que la persona debe estudiar cuando se halla sentado junto a su mesa lo referente al incienso que era ofrecido en el altar interior, y lo referente a las ofrendas que eran ofrecidas en el altar exterior.

Por consiguiente, estudiando las palabras de la Torá en su mesa, y también convidando a los pobres, se incrementará la abundancia de este individuo. La misma fluirá a él por medio de los 27 canales conductores de la abundancia, relacionados con las 22 letras básicas del alfabeto hebreo, y las 5 letras anexas, denominadas letras finales, que se ubican al final de las palabras.

Esta enseñanza permite comprender la causa intrínseca de las medidas estipuladas para la construcción de la mesa del Santuario: 2 codos de largo, 1 codo de ancho y 1 codo y medio de alto.

La medida denominada codo se obtiene midiendo desde el vértice del dedo mayor hasta el codo. Entre ambos puntos señalados hay una longitud equivalente a seis puños.

Convirtamos los codos de la mesa a puños:
2 codos de largo = 12 puños
1 codo de ancho = 6 puños
1 codo y medio de alto = 9 puños

Sumemos los valores parciales:

12 + 6 + 9 = 27
Se aprecia que las medidas de la mesa totalizan 27 puños.

Los mismos corresponden con los 27 canales conductores de la abundancia, que son las 27 letras del alfabeto; las 22 simples y las 5 adicionales (Od Iosef Jai sección Terumá).

Resulta que cada una de las 27 letras corresponde con un canal de afluencia independiente. Esta revelación indica la diferente correspondencia numérica para cada una de las letras.

Visión cabalística de las 27 letras

En los libros de Cábala se enseña más acerca de este asunto de las letras anexas: originalmente existían 22 letras, y después del pecado de Adán, al comer del árbol que Dios le había prohibido, cinco letras se extendieron.

Estas letras son las que se escriben al final de la palabra. Las mismas originalmente estaban cerradas, y fueron expandidas y abiertas para que pudiesen cubrir las aberturas y los sectores débiles por donde se pueden introducir los ladrones –alegóricamente se refiere al mal, el enemigo del bien–. Ya que una brecha llama al ladrón. Así, –como en el caso de la metáfora mencionada– acontece con el libro de la Torá, necesita –letras– abiertas y cerradas, para evitar que el Satán ingrese por el camino abierto.

Las letras dobles siempre se ubican en el final de la palabra por causa del demonio, Samael y su tropel, para que no intuyan nada ni acusen a las personas, presentando argumentos contra ellos ante la Corte Suprema de lo Alto.

Estas letras dobles están asociadas con el rigor absoluto, y son semejantes a un arma de guerra. Por eso se las ubica siempre en el final de la palabra, similar a las armas y los dispositivos de defensa que se colocan alrededor de la casa y la torre (Midrash Talpiot anaf otiot; Sefer Hajaiat 21a).

El valor de las letras dobles

Ahora que conocemos la diferencia entre el alfabeto básico de 22 letras, y el expandido de 27 letras, nos abocaremos a aprender el valor que les corresponde a estas letras dobles de acuerdo con este sistema desplegado:

La letra *kaf* final se sitúa después de la letra *tav*, que es la última del alfabeto original de 22 letras.

Por lo tanto, el valor de *kaf* final es 500.

500 ← ך

La letra *mem* final se sitúa después de la letra *kaf* final, y su valor es 600.

600 ← ם

La letra *nun* final se sitúa después de la letra *mem* final, y su valor es 700.

700 ← ן

La letra *pe* final se sitúa después de la letra *nun* final, y su valor es 800.

800 ← ף

La letra *tzadi* final se sitúa después de la letra *pe* final, y su valor es 900.

900 ← ץ

Ésta es la tabla completa de valores correspondiente al alfabeto extendido, considerando las 27 letras en forma independiente:

א = 1	י = 10	ק = 100
ב = 2	כ = 20	ר = 200
ג = 3	ל = 30	ש = 300
ד = 4	מ = 40	ת = 400
ה = 5	נ = 50	ך = 500
ו = 6	ס = 60	ם = 600
ז = 7	ע = 70	ן = 700
ח = 8	פ = 80	ף = 800
ט = 9	צ = 90	ץ = 900

Cabe señalar que en ciertas ocasiones se utiliza una letra *alef* al final de la palabra denominada *alef rabatí*. El valor numérico que le corresponde es 1.000.

APLICACIÓN DE LOS VALORES
ASIGNADOS AL ALFABETO EXPANDIDO

En el Talmud se enseña: «Rav Ketina dijo: Seis mil años existirá el mundo y un milenio estará destruido. Como está dicho: "El Eterno sólo será exaltado en ese Día" (Isaías 2:11). Se refiere al milenio de destrucción» (Talmud, tratado de Rosh Hashaná 31a).

Este hecho se encuentra aludido en numerosas citas bíblicas y enseñanzas de la Torá oral. Un indicio evidente lo encontramos en el primer versículo del Pentateuco.

En el original hebreo este versículo posee seis letras *alef.* Y teniendo en cuenta que *alef* se puede leer también *elef,* que significa mil, alude a los seis mil años que existirá este mundo.

Aquí podemos apreciar las 6 letras *alef* en el primer versículo del Pentateuco:

בראשית ברא אלהים את השמים ואת הארץ

El nombre completo de la letra *alef* se escribe así: אלף
Se puede leer *alef,* o también *elef,* que significa 1.000 (Daat Zekenim mibaalei hatosafot en Génesis 1:1).

SUMATORIA DE TODAS LAS LETRAS

Por otra parte, se sabe que el Pentateuco, que es el plano del universo, fue escrito mediante las letras del alfabeto hebreo. Sumando los valores numéricos de la totalidad de las mismas, e incluyendo la cantidad de libros que forman el Pentateuco, se obtiene la cifra de seis mil.

Veamos:

Éstas son las letras que representan unidades: *alef* = 1, *bet* = 2, *guimel* = 3, *dalet* = 4, *he* = 5, *vav* = 6, *zain* = 7, *jet* = 8, *tet* = 9.

Éstas son las letras que representan decenas: *iud* = 10, *kaf* = 20, *lamed* = 30, *mem* = 40, *nun* = 50, *samej* = 60, *ain* = 70, *pe* = 80, *tzadi* = 90.

Éstas son las letras que representan centenas: *kuf* = 100, *reish* = 200, *shin* = 300, *tav* = 400, *caf* final = 500, *mem* final = 600, *nun* final = 700, *pe* final = 800, *tzadi* final = 900.
Existe, además, una variante de la letra *alef,* denominada *alef rabatí,* cuyo valor es 1.000.

Sumando todos estos valores resulta un producto de 5.995. Y añadiéndole los cinco libros del Pentateuco, o sea, el plano de la Torá, se obtiene el valor 6.000 (Raziel Hamalaj pág. 42).

Veámoslo gráficamente:

א = 1	י = 10	ק = 100	ך = 1.000
ב = 2	כ = 20	ר = 200	
ג = 3	ל = 30	ש = 300	
ד = 4	מ = 40	ת = 400	
ה = 5	נ = 50	ך = 500	
ו = 6	ס = 60	ם = 600	
ז = 7	ע = 70	ן = 700	
ח = 8	פ = 80	ף = 800	
ט = 9	צ = 90	ץ = 900	
45	450	4.500	1.000

Sumemos estos valores parciales:

45 + 450 + 4.500 + 1.000 = 5.995

Sumémosle ahora el valor 5 correspondiente a los cinco libros del Pentateuco:

5.995 + 5 = 6.000

Se aprecia que en el alfabeto extendido está indicado el período de existencia del mundo antes de comenzar el año sabático.

III
EL VALOR INTRÍNSECO –*KOLEL*–

En innumerables casos hay entre los valores numéricos confrontados una diferencia mínima, igual a 1. Sin embargo, esa diferencia no impide que la igualdad entre ambos valores sea considerada válida.

Veamos un ejemplo: en el Código Legal –Shulján Aruj–, se mencionan los productos que se acostumbran a comer en Rosh Hashaná, que es el día en que se celebra el Año Nuevo y también se lo considera el Día del Juicio. Asimismo, se citan los productos que no se acostumbran a consumir en esa fecha.

Se establece que el individuo debe habituarse a comer en Rosh Hashaná judías, puerro, acelga, dátiles y calabaza. (Los nombres hebreos de estas variedades coinciden con acciones y hechos auspiciosos que se desea acontezcan en el año entrante. Por eso se mencionan también breves oraciones que deben pronunciarse al ingerir tales productos). Asimismo, se acostumbra a comer manzana dulce con miel, y se dice: «¡Que el año nuevo sea dulce para nosotros!» (Ramá, Abudraham).

Se come cabeza de cordero y se dice: «Que seamos cabeza y no, cola». Y, además, se la ingiere en memoria del carnero de Isaac –pues fue ofrendado un carnero en su lugar.

Hay quienes son puntillosos en no comer nueces. La razón es porque la locución hebrea correspondiente a nuez –*egoz*– tiene el mismo valor numérico que la locución hebrea correspondiente a pecado –*jet*– (Shulján Aruj Oraj Jaim 583:1-2, Ramá).

Una ecuación desigual

A continuación calcularemos la igualdad mencionada: la locución hebrea correspondiente a nuez es *egoz*, y en el original hebreo esta palabra está escrita así:

אגוז

Éste es su valor numérico:

א = 1
ג = 3
ו = 6
ז = 7
___
17

La locución hebrea correspondiente a pecado es *jet*, y en el original hebreo esta palabra está escrita así:

חטא

Éste es su valor numérico:

ח = 8
ט = 9
א = 1
___
18

Apreciamos que el valor numérico correspondiente a nuez –*egoz*– es 17, y el valor numérico correspondiente a pecado –*jet*– es 18. ¿Y cómo es posible que en el Código Legal se afirme que existe igualdad en el valor numérico de estas dos palabras?

Sucede que al valor numérico correspondiente a nuez –*egoz*– que es 17 se le ha añadido el valor intrínseco 1, denominado en hebreo *kolel*.

Es decir, cuando a una palabra que es comparada con otra le falta el valor 1 para llegar a la igualdad, se le añade el valor intrínseco 1 y la igualdad queda establecida.

Fuente bíblica del valor intrínseco

Observaremos a continuación la fuente bíblica correspondiente con el agregado del valor intrínseco 1, denominado *kolel* para establecer una igualdad.

Está escrito: «Israel se esforzó y se sentó en la cama. Jacob le dijo a José: El Todopoderoso apareció ante mí en Luz, en la tierra de Canaán, y me bendijo. Él me dijo: he aquí que te fructificaré y te multiplicaré; haré de ti una congregación de pueblos y daré esta tierra a tu descendencia futura como posesión eterna. Y ahora tus dos hijos que te nacieron en la tierra de Egipto antes de que yo llegara a ti en Egipto, serán míos; Efraim y Manasés como Rubén y Simeón serán para mí» (Génesis 48:3-5).

Se aprecia aquí una igualdad evidente: «Efraim y Manasés como Rubén y Simeón». Para conocer mayores detalles de la misma calcularemos el valor numérico.

La declaración: «Efraim y Manasés», en el original hebreo está escrita así:

אפרים ומנשה

Éste es su valor numérico:

Sumemos los valores de Efraim y Manasés:

אפרים   ומנשה

א = 1   ו = 6
פ = 80   מ = 40
ר = 200   נ = 50
י = 10   ש = 300
ם = 40   ה = 5
─────   ─────
331   401

331 + 401 = 732

Por su parte, la declaración: «Rubén y Simeón», en el original hebreo está escrita así:

ראובן ושמעון

Éste es su valor numérico:

Sumemos los valores numéricos de Rubén y Simeón:

ראובן   ושמעון
                      ו = 6
ר = 200   ש = 300
א = 1   מ = 40
ו = 6   ע = 70
ב = 2   ו = 6
ן = 50   ן = 50
─────   ─────
259   472

259 + 472 = 731

Se aprecia que el valor numérico de «Efraim y Manasés» es 732; y el valor numérico de «Rubén y Simeón» es 731. O sea, existe una diferencia de 1.

Si reemplazamos estos valores por las palabras del versículo que les corresponde, resulta esta ecuación: «Efraim y Manasés como Rubén y Simeón» = «732 como 731». Es decir, se indica aquí el misterio del valor intrínseco 1. Resulta que cuando en una ecuación falta el valor 1 para hallar la igualdad, se agrega el valor intrínseco 1 y la misma queda establecida (Bnei Isajar Kislev, maamar II).

La aplicación del valor intrínseco

Veamos algunos ejemplos en los que se aplica el valor intrínseco 1 para establecer una igualdad.

El Día de Reposo, denominado Shabat, es sumamente relevante para el pueblo de Israel y su vínculo con El Santo, Bendito Sea. Como está escrito: «El Eterno habló a Moisés, diciendo: Háblales a los Hijos de Israel y diles las fiestas solemnes de El Eterno, las cuales proclamaréis como santas convocaciones; éstas serán Mis fiestas solemnes: durante seis días se hará labor, y el séptimo día es día de absoluto descanso, santa convocación, no haréis ninguna labor; es Shabat para El Eterno, en todos vuestros lugares de residencia» (Levítico 23:1-3).

Se aprecia que el Shabat es un día consagrado a El Eterno, y debe reinar en el mismo la máxima santidad. Ahora bien, ¿cómo debemos celebrar este magnífico día? Por supuesto, estudiando la Torá. Como está dicho: «es Shabat para El Eterno». Se aprende que hay que dedicarle ese día a El Santo, Bendito Sea; y estudiando Su palabra es una forma ideal de hacerlo. Pero, además, es necesario alegrarse comiendo y bebiendo, estando vestidos con ropas limpias. Tal como consta en el Código Legal –Shulján Aruj–: «Incluso aquella persona indigente, que necesitare de los demás, si poseyere algo de lo de él, deberá ser presto para honrar al Shabat» (Shulján Aruj Oraj Jaim 242:1).

La necesidad de honrar al Shabat con alimentos deliciosos se aprende lo que está escrito en el libro del profeta Isaías: «Y llamarás al Shabat deleite» (Isaías 58:13). Por lo tanto, una persona de escasos recursos deberá limitar sus gastos durante los demás días de la semana y honrar apropiadamente al Shabat, de acuerdo con sus posibilidades (Shulján Aruj Ibíd.; Mishná Brurá).

Respecto a la necesidad de honrar al Shabat vistiendo ropa limpia, es un tema que se aborda a continuación en el Código Legal, mencionándose a su vez un importante decreto que fue establecido con este fin: «Ezra el escriba dispuso que se lavasen las vestimentas el día quinto de la semana –jueves–, para honrar al Shabat. De este modo las ropas de aquellas personas que dispusieren de una única muda estarían blancas y limpias para el Shabat» (véase Mishná Brurá Ibíd.).

El rendimiento de honor apropiado

El requerimiento de honrar al Shabat con deliciosos alimentos y vestimentas limpias está indicado también en el versículo que declara: «Durante seis días se hará labor, y el séptimo día es día de absoluto descanso, santa convocación» (Levítico 23:3).

En el original hebreo la expresión «santa convocación» está escrita mediante las locuciones *mikrá kodesh*:

מקרא קדש

Éste es su valor numérico:

מקרא   קודש

מ =	40		ק =	100
ק =	100		ד =	4
ר =	200		ש =	300
א =	1			

      341   404

Sumemos estos valores:

341 + 404 = 745

Veamos ahora cómo se dice en hebreo: «con alimentos y con ropa limpia». Se lo expresa mediante estas locuciones: *bemaajal, bekesut nekia*. Y con letras hebreas se escribe así:

במאכל בכסות נקיה

Calculemos el valor numérico de estas palabras:

במאכל   בכסות   נקיה

ב =	2		ב =	2		נ =	50
מ =	40		כ =	20		ק =	100
א =	1		ס =	60		י =	10
כ =	20		ו =	6		ה =	5
ל =	30		ת =	400			

      93   488   165

Sumemos estos valores:

93 + 488 + 165 = 746

Se aprecia que honrar al Shabat a través de alimentos y ropa limpia suma 746, en tanto «santa convocación», su valor numérico es 745. Existe una diferencia mínima, de 1, para obtener la igualdad entre ambos conceptos.
Le adicionamos al valor 745 correspondiente a «santa convocación», el valor intrínseco 1.

Resulta:

745 + 1 = 746

Se ha obtenido una igualdad perfecta entre la expresión que indica honrar al Shabat con alimentos y ropa limpia, y santa convocación. Ambos conceptos poseen valor numérico 746. Se aprende así del versículo que se refiere a la santidad del Shabat que debe honrarse a este día comiendo el banquete sabático con ropa limpia (Baal Haturim Levítico 23:3).

El misterio de la carne y la leche

Veamos otro caso en el que se agrega el valor intrínseco 1 para conseguir una igualdad perfecta: Está escrito: «No cocerás al cabrito en la leche de su madre» (Deuteronomio 14:21). Esta misma expresión se repite en otras dos citas, en Éxodo 34:26 y en Éxodo 23:19.
Los sabios se preguntaron: ¿Para qué se repitió tres veces lo mismo en tres versículos distintos?

La respuesta fue que la primera vez que se mencionó en la Biblia: «No cocerás al cabrito en la leche de su madre», tiene por objetivo señalar la prohibición de cocer carne y leche juntos. La segunda vez tiene por objetivo señalar la prohibición de ingerir carne y leche juntos. La tercera vez tiene por objetivo señalar la prohibición de tener provecho del modo que fuere de carne y leche juntos.

Es decir, se trata de un precepto muy riguroso; pues por lo general, lo que en la Torá se prohíbe comer, al menos se puede tener provecho de ello. Por ejemplo, se prohíbe comer cerdo, pero es permitido utilizarlo para vestimentas, o cualquier otro uso. Sin embargo, carne y leche se prohíbe tener provecho de esa mezcla en absoluto. E incluso si hubiere sido cocinada accidentalmente carne con leche, y después esa mezcla se quemó por completo, aun la ceniza es prohibida y no se la puede utilizar para ningún fin.

Además, se prohíbe cocinar a estos dos productos juntos aunque se lo hiciere vanamente, sin ninguna intención de tener provecho de este preparado. Como lo revela el versículo: «No cocerás al cabrito en la leche de su madre».

IMPORTANTE ALUSIÓN DE LAS MEZCLAS CÁRNEAS Y LÁCTEAS

Todo esto que hemos mencionado está indicado en la expresión: «No cocerás».

Veamos: «No cocerás» se expresa mediante las locuciones: *lo tebashel*. En el original hebreo esta manifestación está escrita así:

לא תבשל

Calculemos el valor numérico:

ל	=	30
א	=	1
ת	=	400
ב	=	2
ש	=	300
ל	=	30
		763

Veamos ahora la expresión: «Está prohibido comerlo, cocerlo y tener provecho». En hebreo esta frase se pronuncia mediante las locuciones: *isur ajilá, ubishul, veanaá.* Y con letras hebreas se escribe así:

איסור אכילה ובישול והנאה

Éste es el valor numérico de estas palabras:

איסור			אכילה			ובישול			והנאה		
						ו	=	6			
א	=	1	א	=	1	ב	=	2	ו	=	6
י	=	10	כ	=	20	י	=	10	ה	=	5
ס	=	60	י	=	10	ש	=	300	נ	=	50
ו	=	6	ל	=	30	ו	=	6	א	=	1
ר	=	200	ה	=	5	ל	=	30	ה	=	5
		277			**66**			**354**			**67**

Sumemos estos valores:

277 + 66 + 354 + 67 = 764

Surge que «No cocerás –*lo tebashel*–», su valor numérico es 763, y «está prohibido comerlo, cocerlo y tener provecho –*isur ajilá, ubishul, veanaá*–, su valor numérico es 764. Existe una diferencia de 1.

Le añadimos el valor intrínseco 1 a 763, que corresponde a la expresión «no cocerás –*lo tebashel*–»:

763 + 1 = 764

Resulta así una igualdad perfecta entre «no cocerás –*lo tebashel*–» y «está prohibido comerlo, cocerlo y tener provecho –*isur ajilá, ubishul, veanaá*–». Se comprueba así que todo esto estaba indicado en la expresión: «no cocerás».

UNA PARTERA ESPECIAL

Veamos otro caso de aplicación del valor intrínseco 1: en el comienzo del libro de Éxodo está escrito: «Egipto sometió a los Hijos de Israel con trabajos inhumanos. Le amargó la vida con trabajos duros, con barro y con ladrillos, y con todos los trabajos del campo; todos los trabajos que les asignaban eran inhumanos. El rey de Egipto les habló a las parteras hebreas, de las cuales la primera se llamaba Shifra y la segunda Puá; les dijo: Cuando atendáis a las mujeres hebreas y las viereis sobre el asiento de dar a luz, si es un varón, lo mataréis, y si es una mujer, vivirá. Mas las parteras temían a Dios y no hicieron lo que les había dicho el rey de Egipto, y dejaron que los niños vivieran. El Rey de Egipto convocó a las parteras y les dijo: ¿Por qué habéis hecho esto y habéis dejado que vivieran los niños? Las parteras le dijeron al Faraón: Porque las mujeres hebreas no son como las mujeres egipcias, pues ellas son expertas; antes de que la partera llegue a ellas, ya han dado a luz. Dios benefició a

49

las parteras y el pueblo aumentó y se fortaleció enormemente. Y fue gracias a que las parteras temían a Dios que Él les hizo casas. El Faraón ordenó a todo su pueblo, diciendo: Todo varón que nazca, al río lo arrojaréis. Y toda mujer, la dejaréis con vida» (Éxodo 1:13-22).

Los nombres verdaderos de las parteras Shifra y Puá eran Iojeved y Miriam. Y la razón por la que a Iojeved se la llamaba Shifra era porque embellecía al bebé, limpiándolo de la sangre del parto y acondicionándolo; lo que en hebreo se define como *meshaperet*, palabra ésta que da origen a Shifra. Y Miriam, que era la hija de Iojeved, se la llamaba Puá, porque calmaba con su voz al recién nacido que lloraba, acto que en hebreo se denomina: *poá*. Y de esta palabra surge Puá (Rashi sobre Génesis 1:15).

Resulta que Iojeved –Shifra– era la partera, y Miriam –Puá–, que era una niña, su asistente. Ahora que conocemos estos datos, es posible comprender más precisamente lo declarado en la cita que expresa: «Mas las parteras temían a Dios y no hicieron lo que les dijo el rey de Egipto, y dejaron que los niños vivieran». Observando el texto original, apreciamos que existe un detalle que llama la atención en la palabra hebrea que define a «las parteras». Pues esta expresión, que es *hamialdot*, está escrita en forma carente, le falta la letra *vav*.

Sintetizando:

No está escrito   המילדות

Está escrito   המילדת

Debido a esta carencia de la letra *vav* es posible leer *hamialedet*, que significa la partera. Deduciéndose que era una sola partera, y la segunda era su asistente.

Este dato se puede apreciar en el valor numérico de la palabra mencionada:

ה = 5
מ = 40
י = 10
ל = 30
ד = 4
ת = 400

489

Veamos ahora el valor numérico de Iojeved bat Levi, es decir, Iojeved, hija de Levi:

י = 10
ו = 6
כ = 20
ב = 2
ד = 4
ב = 2
ת = 400
ל = 30
ו = 6
י = 10

490

El valor numérico de «Iojeved, hija de Levi –Iojeved bat Levi–» es 490, y el valor numérico de «la partera –*hamialedet*–», es 489. Falta 1 para que exista igualdad.

51

Por lo tanto, adicionamos el valor intrínseco 1 a 489 de «la partera –*hamialedet*–»:

489 + 1 = 490

Se aprecia a través de esta comparación que la partera señalada en el versículo era Iojeved, la hija que le había nacido a Leví al llegar a Egipto, cuando cruzaban la frontera (Rashi; Baal Haturim).

Los fundamentos de la plegaria

El valor intrínseco se utiliza también en forma independiente, aun cuando no se lo asociare al valor numérico de la palabra.

Un ejemplo de estas características lo encontramos en el compendio legal denominado *Arba Turim*, compuesto por Rabí Jacob, el hijo de Rabeino Asher. En el cap. 113 consta esta declaración: «Los sabios de Ashkenaz sopesaban y calculaban la cantidad de palabras que forman las plegarias y las bendiciones, con el fin de conocer la correspondencia con el asunto especifico por el cual fueron establecidas».

Ellos dijeron que en las tres primeras bendiciones de la plegaria denominada *Amidá*, hay 107 palabras.

Éstas son las tres bendiciones:

Primera bendición

Bendito eres Tú, El Eterno, Dios nuestro y Dios de nuestros padres; Dios de Abraham, Dios de Isaac, y Dios de Jacob. El Dios grande, poderoso, y temible. Dios supremo, que hace grandes bondades. Amo de todo, que recuerda las bondades de los patriarcas, y que trae a los hijos de sus hijos al redentor en aras de Su nombre con amor. El Rey que ayuda, salva y protege. Bendito eres Tú, El Eterno, escudo de Abraham.

בָּרוּךְ אַתָּה יהוה, אֱלֹהֵינוּ וֵאלֹהֵי אֲבוֹתֵינוּ, אֱלֹהֵי אַבְרָהָם אֱלֹהֵי יִצְחָק וֵאלֹהֵי יַעֲקֹב. הָאֵל הַגָּדוֹל הַגִּבּוֹר וְהַנּוֹרָא אֵל עֶלְיוֹן. גּוֹמֵל חֲסָדִים טוֹבִים וְקוֹנֵה הַכֹּל וְזוֹכֵר חַסְדֵי אָבוֹת וּמֵבִיא גוֹאֵל לִבְנֵי בְנֵיהֶם לְמַעַן שְׁמוֹ בְּאַהֲבָה מֶלֶךְ עוֹזֵר וּמוֹשִׁיעַ וּמָגֵן: בָּרוּךְ אַתָּה ה', מָגֵן אַבְרָהָם

Se aprecia que esta oración está formada por 42 palabras.

Segunda bendición

Tú eres eternamente poderoso mi Señor; Tú resucitas a los muertos, eres formidable para salvar. Haces que el viento sople y haces descender la lluvia. Sustentas a los seres vivientes con bondad; resucitas a los muertos con gran misericordia; sostienes a los que caen, curas a los enfermos, liberas a los atados, y cumples fielmente con –el voto establecido de resucitar en el futuro a– los que duermen en el polvo. ¡Quién es como Tú, Amo del poder! Rey que trae la muerte y concede la vida; y que hace germinar la salvación. ¿Quién se asemeja a Ti? Tú eres fidedigno para resucitar a los muertos. Bendito eres Tú, El Eterno, que resucita a los muertos.

Éste es el texto original hebreo:

אַתָּה גִּבּוֹר לְעוֹלָם אֲדֹנָי. מְחַיֶּה מֵתִים אַתָּה רַב לְהוֹשִׁיעַ מַשִּׁיב הָרוּחַ וּמוֹרִיד הַגֶּשֶׁם: מְכַלְכֵּל חַיִּים בְּחֶסֶד. מְחַיֵּה מֵתִים בְּרַחֲמִים רַבִּים. סוֹמֵךְ נוֹפְלִים וְרוֹפֵא חוֹלִים. וּמַתִּיר אֲסוּרִים. וּמְקַיֵּם אֱמוּנָתוֹ לִישֵׁנֵי עָפָר. מִי כָמוֹךָ בַּעַל גְּבוּרוֹת וּמִי דוֹמֶה לָּךְ. מֶלֶךְ מֵמִית וּמְחַיֶּה וּמַצְמִיחַ יְשׁוּעָה: וְנֶאֱמָן אַתָּה לְהַחֲיוֹת מֵתִים: בָּרוּךְ אַתָּה יהוה, מְחַיֵּה הַמֵּתִים

Se aprecia que esta bendición está formada por 51 palabras.

Tercera bendición

Tú eres santo y tu nombre es santo, y santos te alaban cada día, por la eternidad. Bendito eres Tú, El Eterno, Dios Santo.

Éste es el texto original hebreo:

אתה קדוש ושמך קדוש וקדושים בכל יום יהללוך סלה. ברוך אתה יהוה האל הקדוש

Se aprecia que esta bendición está formada por 14 palabras. Sumemos las palabras de las tres bendiciones:

42 + 51 + 14 = 107

Se aprecia que estas tres bendiciones están formadas por 107 palabras.

Razón del valor de la plegaria

La razón de las 107 palabras que componen las tres primeras bendiciones de la plegaria denominada *Amidá* se debe a que las mismas están fundamentadas sobre la base de lo declarado en el Salmo 29, y lo que se menciona en el versículo que declara: «Porque cuando viere a sus hijos, obra de mis manos en medio de ellos, santificarán mi nombre y santificarán al Santo de Jacob, y alabarán al Dios de Israel» (Isaías 29:23).

Esta erudición citada sigue a la enseñanza impartida por los sabios, que consta en el tratado talmúdico de Meguilá: «¿De dónde se aprende que se recita en primer orden la bendición de los patriarcas, es decir, la bendición denominada "escudo de Abraham"? Se lo aprende del versículo que declara: "Load a El Eterno, hijos de los poderosos –*eilim*–" (Salmos 29:1). Se refiere a los patriarcas, que eran considerados los poderosos –*eilei*– de la Tierra».

A continuación los sabios preguntaron: «¿Y de dónde se aprende que se recita posteriormente la bendición del poder, es decir, la bendición denominada: "Tú eres poderoso"? Como está dicho en el mismo versículo a continuación: "Load a El Eterno por la gloria y el poder" (Salmos 29:1). Y ¿de dónde se aprende que se recita posteriormente la bendición de la santidad, es decir, la bendición denominada: "Tú eres Santo"? Como está dicho: "Load a El Eterno glorificando su nombre; prosternaos a El Eterno embelleciendo la santidad" (Salmos 29:2)».

Los mismos sabios aclararon asimismo este otro asunto: «¿Y qué vieron los sabios para establecer que fuese recitada posteriormente la bendición del entendimiento, es decir, la bendición denominada "Tú concedes entendimiento", después de la santidad, es decir, después de la bendición denominada: "Tú eres Santo"? Como está dicho: "Y santificarán al Santo de Jacob, y temerán al Dios de Israel" (Isaías 29:23), y a continuación está escrito: "Y los errados poseerán espíritu de sabiduría" (Isaías 29:24)» (Talmud, tratado de Meguilá 17b).

Se aprecia que el versículo del cual se aprende que se debe recitar la bendición del entendimiento es precedido por el versículo que declara: «Y santificarán al Santo de Jacob, y temerán al Dios de Israel» (Isaías 29:23).

Esta enseñanza impartida está indicada en la estructura de los versículos que constituyen la fuente de esas bendiciones. Pues el Salmo 29 en el original hebreo tiene 91 palabras, y el versículo citado de Isaías está formado por 16 palabras. En total suman 107 palabras, igual que las tres primeras bendiciones de la plegaria denominada *Amidá*.

91 + 16 = 107

Veámoslo gráficamente:
Esto es lo que se declara en el Salmo 29: «Salmo de David: Ofreced alabanza a El Eterno hijos de los nobles; ofrecedle alabanza por el honor y el poder. Ofreced alabanza a El Eterno por la gloria de Su nombre; prosternaos a El Eterno con refulgente santidad. La voz de El Eterno se manifiesta sobre las aguas; El Dios glorioso brama; El Eterno se manifiesta sobre las inmensas aguas. La voz de El Eterno se manifiesta con fuerza; la voz de El Eterno se manifiesta con esplendor. La voz de El Eterno quebranta cedros; El Eterno quebranta los cedros del Líbano. Los hace brincar como un becerro; y al Líbano y al Sirión –les hace brincar– como cría de búfalo. La voz de El Eterno lanza llamaradas flamígeras. La voz de El Eterno hace estremecer el desierto; El Eterno provoca que el desierto de Kadesh tiemble. La voz de El Eterno hace estremecer a las gacelas, y descubre los bosques. Y en Su Palacio, todos manifiestan Su gloria. El Eterno estaba sentado –en Su Trono– durante el Diluvio; y El Eterno ha de sentarse –en Su trono– para reinar por siempre. El Eterno otorgará poder a su pueblo; El Eterno bendecirá a su pueblo con paz».

Este Salmo en el original hebreo posee 91 palabras:

מזמור לדוד הבו ליהוה בני אלים הבו ליהוה כבוד ועז

הבו ליהוה כבוד שמו השתחוו ליהוה בהדרת קדש

קול יהוה על המים אל הכבוד הרעים יהוה על מים רבים

קול יהוה בכח קול יהוה בה

קול יהוה שבר ארזים וישבר יהוה את ארזי הלבנון

וירקידם כמו עגל לבנון ושרין כמו בן ראמים

קול יהוה חצב להבות אש

קול יהוה יחיל מדבר יחיל יהוה מדבר קדש

קול יהוה יחולל אילות ויחשף יערות ובהיכלו כלו אמר כבוד

יהוה למבול ישב וישב יהוה מלך לעולם

יהוה עז לעמו יתן יהוה יברך את עמו בשלום

Ahora observemos el versículo que declara: «Porque cuando viere a sus hijos, obra de mis manos en medio de ellos, santificarán mi nombre y santificarán al Santo de Jacob, y alabarán al Dios de Israel» (Isaías 29:23).

En el original hebreo está escrito así:

כי בראתו ילדיו מעשה ידי בקרבו יקדישו שמי והקדישו את קדוש יעקב ואת אלהי ישראל יעריצו.

Se aprecia que posee 16 palabras.

Sumemos los valores obtenidos: 91 + 16 = 107

Se aprecia que, tal como se lo enseñó en el Talmud, estas citas bíblicas conforman la base estructural de las tres primeras bendiciones de la plegaria denominada *Amidá*.

LAS BENDICIONES FUNDAMENTADAS

A continuación de esta revelación, se manifiestan en el libro *Arba Turim* detalles precisos de cada una de las bendiciones. Éstas son las palabras expresadas por el autor: «La primera bendición de la plegaria denominada *Amidá* posee 42 palabras, más no me fue revelado el motivo de las mismas. Por eso cogeré de lo que esté a mi alcance hasta que supiere más sobre este asunto».

En el Génesis consta este versículo que fundamenta la primera bendición de la plegaria denominada *Amidá*: «Y Yo te convertiré en una gran nación; te bendeciré y engrandeceré tu nombre, y tú serás una bendición» (Génesis 12:2).

En el original hebreo este versículo está escrito así:

ואעשך לגוי גדול ואברכך ואגדלה שמך והיה ברכה

57

Se aprecia que el versículo está formado por 8 palabras.

Asimismo, también en el Génesis encontramos este otro versículo que fundamenta asímismo esa bendición: «Él lo bendijo, diciendo: Bendito sea Abram del Dios Supremo, Hacedor de los Cielos y de la Tierra» (Génesis 14:19).
En el original hebreo este versículo está escrito así:

ויברכהו ויאמר ברוך אברם לאל עליון קנה שמים וארץ

Se aprecia que el versículo está formado por 9 palabras.

Más adelante está escrito: «Pues Yo sé que él ordenará a sus hijos y a su familia que sigan el camino de El Eterno, haciendo caridad y justicia, para que El Eterno traiga sobre Abraham aquello de lo que le había hablado» (Génesis 18:19). Este versículo se refiere a la declaración que consta en la primera oración de la plegaria denominada *Amidá*, a través de la cual se manifiesta: «... y recuerda la bondad de los Patriarcas...».

En el original hebreo este versículo está escrito así:

כי ידעתיו למען אשר יצוה את בניו ואת ביתו אחריו ושמרו דרך יהוה לעשות צדקה ומשפט למען הביא יהוה על אברהם את אשר דבר עליו.

Se aprecia que el versículo está formado por 25 palabras.

Sumemos las palabras de los tres versículos:

8 + 9 + 25 = 42

Otra posibilidad

También es posible decir que la primera bendición de la plegaria denominada *Amidá* está basada en estos versículos:

«Después de estos hechos, la palabra de El Eterno le llegó a Abram en una visión, diciendo: No temas, Abram, Yo soy un escudo para ti; tu recompensa es muy grande» (Génesis 15:1). En este versículo se fundamenta la culminación de la primera bendición: «Bendito eres Tú, El Eterno, escudo de Abraham».

En el original hebreo este versículo está escrito así:

אחר הדברים האלה היה דבר יהוה אל אברם במחזה לאמר אל תירא אברם אנכי מגן לך שכרך הרבה מאד.

Se aprecia que el versículo está formado por 19 palabras.

Este otro versículo también está vinculado estrechamente a la primera bendición: «Abraham ciertamente ha de convertirse en una grande y poderosa nación, y todas las naciones del mundo se bendecirán en él» (Génesis 18:18).

En el original hebreo este versículo está escrito así:

ואברהם היו יהיה לגוי גדול ועצום ונברכו בו כל גויי הארץ

Se aprecia que el versículo está formado por 11 palabras.

También este versículo se vincula con lo que se menciona en la primera bendición: «Contemplad a Abraham vuestro padre, y a Sara que os dio a luz; porque siendo uno solo lo llamé, y lo bendije y lo multipliqué» (Isaías 51:2).

En el original hebreo este versículo está escrito así:

הביטו אל אברהם אביכם ואל שרה תחוללכם כי אחד קראתיו ואברכהו וארבהו

Se aprecia que el versículo está formado por 12 palabras.

Sumemos las palabras de los tres versículos:

19 + 11 + 12 = 42

Explicación mística

También debemos destacar que la primera bendición de la plegaria denominada *Amidá* comienza con la letra *bet*, y culmina con la letra *mem*.

El valor numérico de *bet* es 2, y el valor numérico de *mem* es 40.

$$ב = 2$$
$$מ = 40$$
$$\overline{42}$$

Se forma el valor 42, que corresponde con el nombre de El Eterno de 42 letras, el cual está asociado a los patriarcas.

Segunda bendición de la plegaria

La segunda bendición de la plegaria tiene 51 palabras y está fundamentada en las cuatro claves que están en poder de El Eterno y no las delega. Estas claves son: lluvia, sustento, vida —los nacimientos— y resurrección de los muertos.

Esta enseñanza consta en Talmud, donde además de revelarse esto que hemos mencionado, se especifica el versículo que corresponde a cada una de estas circunstancias.

Respecto a la llave de la lluvia, la cual está en poder de El Santo, Bendito Sea, y no la entrega a intermediarios, se lo aprende del versículo que declara: «El Eterno abrirá para ti Su tesoro de bondad, los Cielos, para procurar lluvias para tu Tierra en su tiempo, y para bendecir toda la obra de tus manos; les prestarás a muchas naciones, pero no pedirás prestado» (Deuteronomio 28:12).

Acerca de la llave de la vida, la cual está en poder de El Santo, Bendito Sea, y no la entrega a intermediarios, se lo aprende del versículo que declara: «Dios recordó a Raquel; Dios la escuchó y abrió su matriz» (Génesis 30:22).

En lo concerniente a la llave de la resurrección de los muertos, la cual está en poder de El Santo, Bendito Sea, y no la entrega a intermediarios, se lo aprende del versículo que declara: «Y cuando abra vuestras tumbas, y os saque de vuestras sepulturas, sabréis que Yo soy El Eterno, pueblo mío» (Ezequiel 37:13).

Acerca de la llave del sustento, la cual está en poder de El Santo, Bendito Sea, y no la entrega a intermediarios, se lo aprende del versículo que declara: «Abres tu mano, y sacias a todo ser viviente a voluntad» (Salmos 145:16) (Talmud, tratado de Taanit 2a).

Suma de palabras

Veamos ahora estos versículos que fueron mencionados en el original hebreo y observemos cuántas palabras los integran:

Lluvia: «El Eterno abrirá para ti Su tesoro de bondad, los Cielos, para procurar lluvias para tu Tierra en su tiempo, y para bendecir toda la obra de tus manos; les prestarás a muchas naciones, pero no pedirás prestado» (Deuteronomio 28:12).

En el original hebreo este versículo está escrito así:

יפתח יהוה לך את אוצרו הטוב את השמים לתת מטר ארצך בעתו ולברך את כל מעשה ידך והלוית גוים רבים ואתה לא תלוה.

Se aprecia que este versículo está formado por 23 palabras.

Vida: «Dios recordó a Raquel; Dios la escuchó y abrió su matriz» (Génesis 30:22).

En el original hebreo este versículo está escrito así:

ויזכר אלהים את־רחל וישמע אליה אלהים ויפתח את־רחמה

Se aprecia que este versículo está formado por 10 palabras.

Resurrección: «Y cuando abra vuestras tumbas, y os saque de vuestras sepulturas, sabréis que Yo soy El Eterno, pueblo mío» (Ezequiel 37:13).

En el original hebreo este versículo está escrito así:

וידעתם כי אני יהוה בפתחי את קברותיכם ובהעלותי אתכם מקברותיכם עמי

Se aprecia que este versículo está formado por 11 palabras.

Sustento: «Abres tu mano, y sacias a todo ser viviente a voluntad» (Salmos 145:16).

En el original hebreo este versículo está escrito así:

פותח את־ידך ומשביע לכל־חי רצון

Se aprecia que este versículo está formado por 7 palabras.

Sumemos ahora las palabras que forman los cuatro versículos:

23 + 10 + 11 + 7 = 51

Resultado: los versículos que se refieren a las cuatro claves que están en poder exclusivo de El Eterno están formados por 51 palabras, la misma cantidad de letras que posee la segunda bendición de la plegaria denominada *Amidá*. Se aprende que la misma está fundamentada en estos cuatro versículos, y en estas cuatro claves.

Tercera bendición de la plegaria

La tercera bendición de la plegaria tiene 14 palabras y está fundamentada en el versículo que describe el honorable llamado de los ángeles, los cuales alaban a El Eterno al unísono. Como está escrito: «Éste llama a éste y –todos se unen en una sola voz que– declara: ¡Santo, Santo, Santo; El Eterno de los ejércitos, llena toda la Tierra con Su gloria!» (Isaías 6:3).

En el original hebreo este versículo está escrito así:

וקרא זה אל זה ואמר קדוש קדוש קדוש יהוה צבאות מלא כל הארץ כבודו

Se aprecia que este versículo está formado por 14 palabras, la misma cantidad de letras que hay en la tercera bendición de la plegaria denominada *Amidá (Arba Turim* cap. 114).

IV
LA SUMA DE LAS LETRAS QUE INTEGRAN LA PALABRA

Un sistema de cálculo que se utiliza en ciertas ocasiones es el determinado por la obtención de la *guematria* simple, más la cantidad de letras que hubiere en la palabra. Para comprenderlo mejor citaremos un ejemplo: «mano» en hebreo se expresa mediante la locución *iad*, y se escribe así:

יד

Éste es su valor numérico:

$$\begin{aligned} \text{י} &= 10 \\ \text{ד} &= 4 \\ \hline &\,14 \end{aligned}$$

Asimismo, la palabra *iad* está integrada por dos letras.

יד

Por lo tanto se suma el valor 2 a la guematria de la palabra:

14 + 2 = 16

Resulta que el valor numérico de «mano -*iad*-», incluyendo sus letras es 16.

Fuente de la inclusión de las letras

En el Pentateuco se ordena recitar la oración denominada «Shemá Israel». Como está escrito: «Oye -shemá-, Israel: El Eterno es nuestro Dios, El Eterno es Uno. Amarás a El Eterno, tu Dios, con todo tu corazón, con toda tu alma y con todos tus recursos. Y estas palabras que Yo te ordeno hoy estarán sobre tu corazón. Las enseñarás con profundidad a tus hijos y hablarás de ellas cuando estuvieres sentado en tu casa, mientras anduvieres por el camino, cuando te acostares y cuando te levantares. Y las atarás como una señal sobre tu brazo y como insignia entre tus ojos. Y las escribirás sobre las jambas de tu casa y tus portales» (Deuteronomio 6:4-9).

La declaración: «Hablarás de ellas cuando estuvieres sentado en tu casa, mientras anduvieres por el camino, cuando te acostares y cuando te levantares», enseña que es un precepto bíblico recitar el *Shemá* a la hora de acostarse y a la hora de levantarse.

En el Código Legal —Shulján Aruj— se enseñan las leyes correspondientes a este asunto en forma puntual y específica. Además, se exponen detalles trascendentales relacionados con las tres estrofas que integran esta oración.

Se enuncia: en el *Shemá* hay en total 245 palabras; y para completar el valor 248, equivalente a la cantidad de estructuras óseas que hay en el cuerpo del hombre, el oficiante que conduce el rezo culminará el recitado del *Shemá* pronunciando las últimas palabras de esta oración: «El Eterno nuestro Dios, verdad —Hashem, Eloheijem, emet—», y después, el oficiante volverá a pronunciar en voz alta: «El Eterno nuestro Dios, verdad —Hashem, Eloheijem, emet—». Estas 3 palabras sumadas a las 245 del *Shemá* completan el valor 248 (Shulján Aruj Oraj Jaim 61:3).

La razón por la cual se necesitan completar las 248 palabras señaladas es explicada en la exégesis denominada Mishná Brurá, donde se menciona lo que está escrito en el Midrash Hanehelam: Rabí Iehuda abrió su disertación acerca de este asunto citando el versículo que declara: «Porque curación será para tu cordón umbilical, y humectación para tus huesos» (Proverbios 3:8). El cordón umbilical representa el vínculo entre la fuente de nutrición y el cuerpo. Es decir, la Torá es la fuente de nutrición para el cuerpo y los huesos, en este mundo y en el mundo venidero. Tal como dijo Rabí Nehorai en el nombre de Rabí Nejemia: «En el *Shemá* hay 248 palabras en correspondencia con la cantidad de estructuras óseas que hay en el hombre. Y el que recitare el *Shemá* apropiadamente provocará que cada estructura ósea tome una palabra y le fuere por medicina curativa. A esto se refiere lo que está escrito: Porque curación será para tu cordón umbilical, y humectación para tus huesos».

Antes bien, en el *Shemá* hay solamente 245 palabras. ¿Cuál es la solución? Los sabios decretaron que el oficiante repita tres palabras, las correspondientes a: «El Eterno nuestro Dios, verdad –*Hashem, Eloheijem, emet*–» (Mishná Brurá en nombre de Beit Iosef).

Ahora bien, ¿qué sucede con aquel individuo que no tiene la posibilidad de recitar el *Shemá* junto a una congregación? Pues están aquellos que trabajan y moran en sitios donde no hay comunidad; e incluso algunos se encuentran solos en medio del campo, como los tamberos. Asimismo hay individuos que están enfermos y no pueden ir a congregarse para escuchar al oficiante. ¿Ellos, cómo completarán las 248 palabras que le permitirán vivificar su organismo?

Los sabios enseñaron que en un caso así la persona debe concentrarse en las quince letras *vav* con las que comienzan las quince palabras que se pronuncian después del recitado del *Shemá*. Ya que la bendición que se recita después del *Shemá* tiene quince palabras sucesivas que comienzan con la letra *vav*.

El valor numérico de la letra *vav* es 6.

ו = 6

Por lo tanto, al pronunciar las 15 letras *vav* citadas, se obtiene este producto:

15 x 6 = 90

Este valor es igual a tres veces el nombre de El Eterno. Por lo tanto, se equipara así a las tres palabras que se pronuncian al final del *Shemá* para completar las 248 palabras (Shulján Aruj Oraj Jaim Mishná Brurá, 61:3).

Analicemos la ecuación mencionada:

El nombre de El Eterno, el Tetragrama, se escribe así:

יהוה

Éste es su valor numérico:

$$\begin{aligned} י &= 10 \\ ה &= 5 \\ ו &= 6 \\ ה &= 5 \\ \hline &26 \end{aligned}$$

Se aprecia que el valor numérico del nombre de El Eterno es 26. Y como tiene cuatro letras las mismas se suman al valor numérico:

26 + 4 = 30

Así, tres nombres de El Eterno suman 90, igual que el valor de las 15 *vav*. A través de estos 3 nombres de El Eterno se completan las 248 palabras del Shemá (Shulján Aruj Oraj Jaim 61:3).

Aplicación práctica de la suma de las letras

Veamos otro caso en el que se aplica este sistema: Abraham era una persona inmensamente piadosa. Tan extraordinaria era su piedad por las criaturas que incluso intentó defender ante Dios a los perversos moradores de Sodoma y Gomorra. Como está escrito: «Y El Eterno dijo: Como ha crecido tanto el clamor de Sodoma y Gomorra, y como su pecado es gravísimo, descenderé ahora y veré: si actúan según el clamor que me ha llegado, los destruiré. Y si no, lo sabré».

Los hombres se fueron de allí en dirección a Sodoma, mientras que Abraham siguió de pie ante El Eterno.

Abraham se adelantó y dijo: «¿Acaso destruirás también a los justos, junto con los malvados? Suponiendo que existieren cincuenta justos en la ciudad ¿acaso destruirías el lugar, en vez de salvarlo por los cincuenta justos que hay en su interior? Sería un sacrilegio que Tú hicieras tal cosa, matando al justo junto con los malvados; pues así el justo será como los malvados. ¡Sería un sacrilegio! ¿Acaso el Juez de toda la tierra no hará justicia?».

Dijo El Eterno: «Si encuentro en Sodoma cincuenta justos en toda la ciudad, perdonaré a todo el lugar por ellos».

Abraham respondió y dijo: «He aquí que me he permitido hablar con Mi Señor, si bien no soy más que polvo y cenizas. ¿Qué ocurrirá si a los cincuenta justos les faltaren cinco ¿Destruirías la ciudad a causa de los cinco?». Y Él dijo: «No la destruiré si encuentro cuarenta y cinco». Y continuó hablando con Él, y le dijo: «¿Tal vez se encuentren cuarenta?». Y Él dijo:

«No actuaré por los cuarenta». Y él dijo: «Que mi Señor no se enoje y hablaré: ¿Qué ocurrirá si se hallaren treinta?». Y Él dijo: «No actuaré si encuentro treinta». Y él dijo: «He aquí que me he permitido hablar con mi Señor: ¿Qué ocurrirá si se hallaren veinte?». Y Él dijo: «No destruiré por los veinte». Y él dijo: «Que mi Señor no se enoje, y hablaré una sola vez más: ¿Qué ocurrirá si se hallaren diez?». Y Él dijo: «No destruiré por los diez».

«Cuando El Eterno terminó de hablar con Abraham se alejó, y Abraham regresó a su lugar» (Génesis 18:20-33).

Se aprecia la enorme piedad de Abraham incluso en una situación límite, cuando era muy difícil ser piadoso. Debido a esta intachable cualidad de Abraham fue dicho: «Otorgas verdad a Jacob, y a Abraham piedad» (Miqueas 7:20).

Siendo así surge una pregunta muy fuerte contra él. ¿Cómo es posible que defendiera encarnizadamente a individuos perversos que ni siquiera eran parientes suyos y no actuara así con sus propios descendientes cuando le tocó hacerlo? Pues en el Talmud se narra: «En el futuro Dios habría de convocar a Abraham para decirle: ¡Tus hijos han pecado! Y la respuesta de Abraham sería: ¡Amo del universo: ¡Bórralos para santificar tu nombre!».

¡Es algo que sorprende! ¿Cómo es posible que Abraham, el hombre más piadoso de toda la Tierra, actúe de ese modo? Parecería algo impensable en él.

Analicemos este asunto más profundamente: «Bórralos», en el original hebreo está escrito mediante la locución *imjú*, y con letras hebreas se escribe así:

ימחו

Éste es su valor numérico:

י = 10

$$מ = 40$$
$$ח = 8$$
$$ו = 6$$
$$\overline{}$$
$$64$$

En tanto «pecados», en hebreo se pronuncia mediante la locución *jataim* y se escribe así:

חטאים

Éste es el valor numérico de esa palabra:

$$ח = 8$$
$$ט = 9$$
$$א = 1$$
$$י = 10$$
$$ם = 40$$
$$\overline{}$$
$$68$$

Se aprecia que el valor numérico de «bórralos –*imjú*–» es 64, y el valor numérico de «pecados –*jataim*–» es 68. Faltan 4 unidades para igualar la ecuación.

Ahora bien, como la locución *imjú* en el original hebreo tiene cuatro letras, le sumamos al valor 64 las cuatro letras de la palabra, y resulta:

64 + 4 = 68

Ahora sí, apreciamos que el valor numérico de «bórralos –*imjú*–» coincide con el valor numérico de «pecados –*jataim*–».

Quiere decir que si bien es cierto que se puede suponer que Abraham respondió que sean borrados los Hijos de Israel para santificar el nombre de Dios, existe también la posibilidad de afirmar que se refirió a los pecados. Por lo tanto, según esta última alternativa, Abraham respondió a Dios: «¡Amo del universo: Borra los pecados de ellos para santificar tu nombre!».

De acuerdo con esta revelación, Abraham defendió a su pueblo con más ímpetu que a los reinos de Sodoma y Gomorra, ya que solicitó a Dios que borrase sus pecados sin proponer otras alternativas (Véase Maarshá, en el tratado talmúdico de Shabat 89).

V
VALOR COMPLETO DE LAS LETRAS –*MILUI*–

Cada letra hebrea posee un nombre formado por entre 2 y 4 letras. Considerando todos los valores del nombre de la letra se obtiene el valor numérico completo de la misma, al que se denomina *milui*.
Es decir, por ejemplo, la letra efe española se pronuncia «f», pero su nombre completo está formado por tres letras: efe. Sumando los valores numéricos de todas las letras que integran el nombre se obtiene el *milui*.
Éste es el *milui* de cada una de las letras hebreas:

• Letra **alef**

En forma completa, el nombre de la letra *alef* se escribe así:

אלף

Éste es el *milui* de *alef*:

$$\begin{array}{rcl} א &=& 1 \\ ל &=& 30 \\ ף &=& 80 \\ \hline & & 111 \end{array}$$

• Letra **bet**
En forma completa, el nombre de la letra *bet* se escribe así:

בית

Éste es el *milui* de *bet:*

$$\begin{array}{rl} ב = & 2 \\ י = & 10 \\ ת = & 400 \\ \hline & 412 \end{array}$$

• Letra **guimel**
En forma completa, el nombre de la letra *guimel* se escribe así:

גימל

Éste es el *milui* de *guimel:*

$$\begin{array}{rl} ג = & 3 \\ י = & 10 \\ מ = & 40 \\ ל = & 30 \\ \hline & 83 \end{array}$$

• Letra **dalet**
En forma completa, el nombre de la letra *dalet* se escribe así:

דלת

Éste es el *milui* de *dalet:*

ד = 4
ל = 30
ת = 400
―――――
434

• Letra **he**
En forma completa, el nombre de la letra *he* se escribe así:

הא

Éste es el *milui* de *he:*

ה = 5
א = 1
―――――
6

• Letra **vav**
En forma completa, el nombre de la letra *vav* se escribe así:

ואו

Éste es el *milui* de *vav:*

ו = 6
א = 1
ו = 6
―――――
13

• Letra **zain**

En forma completa, el nombre de la letra *zain* se escribe así:

זין

Éste es el *milui* de *zain:*

$$\begin{aligned} ז &= 7 \\ י &= 10 \\ ן &= 50 \\ \hline &67 \end{aligned}$$

• Letra **jet**

En forma completa, el nombre de la letra *jet* se escribe así:

חית

Éste es el *milui* de *jet:*

$$\begin{aligned} ח &= 8 \\ י &= 10 \\ ת &= 400 \\ \hline &418 \end{aligned}$$

• Letra **tet**

En forma completa, el nombre de la letra *tet* se escribe así:

טית

Éste es el *milui* de *tet:*

$$\begin{align}
\text{ט} &= 9 \\
\text{י} &= 10 \\
\text{ת} &= 400 \\
\hline
&419
\end{align}$$

- Letra **iud**

En forma completa, el nombre de la letra *iud* se escribe así:

יוד

Éste es el *milui* de *iud*:

$$\begin{align}
\text{י} &= 10 \\
\text{ו} &= 6 \\
\text{ד} &= 4 \\
\hline
&20
\end{align}$$

- Letra **kaf**

En forma completa, el nombre de la letra *kaf* se escribe así:

כף

Éste es el *milui* de *kaf*:

$$\begin{align}
\text{כ} &= 20 \\
\text{ף} &= 80 \\
\hline
&100
\end{align}$$

- Letra **lamed**

En forma completa, el nombre de la letra *lamed* se escribe así:

למד

Éste es el *milui* de *lamed*:

$$\begin{array}{rcl} ל &=& 30 \\ מ &=& 40 \\ ד &=& 4 \\ \hline & & 74 \end{array}$$

• Letra **mem**
En forma completa, el nombre de la letra *mem* se escribe así:

מם

Éste es el *milui* de *mem*:

$$\begin{array}{rcl} מ &=& 40 \\ ם &=& 40 \\ \hline & & 80 \end{array}$$

• Letra **nun**
En forma completa, el nombre de la letra *nun* se escribe así:

נון

Éste es el *milui* de *nun*:

$$\begin{array}{rcl} נ &=& 50 \\ ו &=& 6 \\ ן &=& 50 \\ \hline & & 106 \end{array}$$

• Letra **samej**
En forma completa, el nombre de la letra *samej* se escribe así:

סמך

Éste es el *milui* de *samej:*

$$\begin{array}{rcl} ס &=& 60 \\ מ &=& 40 \\ ך &=& 20 \\ \hline && 120 \end{array}$$

• Letra **ain**
En forma completa, el nombre de la letra *ain* se escribe así:

עין

Éste es el *milui* de *ain:*

$$\begin{array}{rcl} ע &=& 70 \\ י &=& 10 \\ ן &=& 50 \\ \hline && 130 \end{array}$$

• Letra **pe**
En forma completa, el nombre de la letra *pe* se escribe así:

פא

Éste es el *milui* de *pe:*

$$פ = 80$$
$$א = 1$$
$$\overline{81}$$

• Letra **tzadi**
En forma completa, el nombre de la letra *tzadi* se escribe así:

צדי

Éste es el *milui* de *tzadi:*

$$צ = 90$$
$$ד = 4$$
$$י = 10$$
$$\overline{104}$$

• Letra **kuf**
En forma completa, el nombre de la letra *kuf* se escribe así:

קוף

Éste es el *milui* de *kuf:*

$$ק = 100$$
$$ו = 6$$
$$ף = 80$$
$$\overline{186}$$

• Letra **reish**
En forma completa, el nombre de la letra *reish* se escribe así:

ריש

Éste es el *milui* de *reish:*

$$\begin{array}{rl} ר & = 200 \\ י & = 10 \\ ש & = 300 \\ \hline & 510 \end{array}$$

• Letra **shin**
En forma completa, el nombre de la letra *shin* se escribe así:

שין

Éste es el *milui* de *shin:*

$$\begin{array}{rl} ש & = 300 \\ י & = 10 \\ ן & = 50 \\ \hline & 360 \end{array}$$

• Letra **tav**
En forma completa, el nombre de la letra *tav* se escribe así:

תיו

Éste es el *milui* de *tav:*

$$\begin{array}{rl} ת & = 400 \\ י & = 10 \\ ו & = 6 \\ \hline & 416 \end{array}$$

Tabla completa del valor *milui*

א = 111	ט = 419	פ = 81
ב = 412	י = 20	צ = 104
ג = 83	כ = 100	ק = 186
ד = 434	ל = 74	ר = 510
ה = 6	מ = 80	ש = 360
ו = 13	נ = 106	ת = 416
ז = 67	ס = 120	
ח = 418	ע = 130	

Aplicación del valor *milui*

Veremos, a continuación, un ejemplo de aplicación del valor *milui* mencionado en el conocido libro de cábala Zohar.

En el primer versículo del Pentateuco está escrito: «En un comienzo creó Dios a los Cielos y a la Tierra» (Génesis 1:1).

El nombre que consta en el versículo para referirse a Dios es Elohim, que representa justicia y severidad; a diferencia del nombre Hashem, que representa bondad.

El exegeta Rashi explicó que Dios vio que si el mundo era creado mediante la bondad solamente no se podría mantener, y tampoco se podría mantener si era creado mediante el atributo de la severidad solamente. Por eso, el Eterno antepuso el atributo de la bondad, y lo asoció al atributo de la severidad.

Rashi dijo, además, en su explicación, que lo expuesto se confirma a través de la declaración que consta más adelante en el Génesis. Como está escrito: «Éstas son las descendencias de los Cielos y la Tierra cuando fueron hechos, en el día en que hizo El Eterno —Hashem—, Dios —Elohim— la Tierra y los Cielos» (Génesis 2:4).

Este segundo versículo revela que los Cielos y la Tierra fueron hechos mediante el nombre de Dios Hashem, que representa bondad, y también por el nombre Elohim, que denota severidad y justicia. Es decir, la bondad asociada a la severidad constituye la base del mundo (Rashi).

UNA ILUSTRACIÓN DE LA CREACIÓN

Resulta, de acuerdo con la explicación de Rashi al primer versículo del Pentateuco, que el nombre de Dios Elohim, que denota severidad, contiene al nombre Hashem. Para observar más detalladamente este fenómeno nos remitimos al libro Zohar. En el mismo consta este tema y se indica que para comprobarlo se deben calcular los valores de las letras del nombre de Dios Hashem, que denota bondad, en su forma completa –*milui*.

Veámoslo gráficamente: el nombre de Dios Hashem, es decir, el Tetragrama, tal como lo habíamos dicho más arriba, se escribe así con letras hebreas:

יהוה

Ahora debemos calcular el valor de estas letras en forma completa –*milui:*

$$
\begin{array}{rcl}
י & = & 20 \\
ה & = & 6 \\
ו & = & 13 \\
ה & = & 6 \\
\hline
& & 45
\end{array}
$$

Resulta que el nombre de Dios Hashem en forma completa tiene un valor numérico igual a 45.

Este valor obtenido con letras hebreas se escribe así:

מה

Se indica en el libro Zohar que, a continuación, debe aplicarse el mismo proceso también a estas dos letras. Es decir, ha de calcularse su valor completo –*milui*.

$$\begin{aligned} מ &= 80 \\ ה &= 6 \\ \hline &86 \end{aligned}$$

Resulta que el nombre de Dios Hashem en forma completa tiene un valor numérico –*milui*– igual a 45. Este producto, a su vez, tiene un valor numérico –*milui*– igual a 86.

Veamos qué indica este valor. El nombre de Dios Elohim se escribe así con letras hebreas:

אלהים

Calculemos el valor numérico:

$$\begin{aligned} א &= 1 \\ ל &= 30 \\ ה &= 5 \\ י &= 10 \\ ם &= 40 \\ \hline &86 \end{aligned}$$

Conclusión: el nombre de Dios Elohim, que denota severidad, tiene un valor numérico igual a 86. Asimismo, el valor numérico del nombre de Dios Hashem, que denota bondad, tiene un valor numérico igual a 86.

Apreciamos claramente que el nombre de Dios Elohim, que denota severidad, se encuentra en el interior del nombre de Dios Hashem, que denota bondad (Tikunei Zohar Jadash 96b). Es decir, esta ecuación concuerda plenamente con la enseñanza manifestada por Rashi.

VI
SISTEMA DE DISGREGACIÓN DE LETRAS –*BEGUILGULÓ*–

Existe un sistema de cálculo denominado *beguilguló*, consistente en disgregar las letras de una palabra hasta reducirla a un solo carácter. Es decir, se suprime la letra de la izquierda y se suman los valores de las letras que quedaron. Este proceso ha de repetirse hasta que quedare un solo carácter.

Para explicarlo en forma sencilla y amena, citaré un antiguo juego que seguramente todos conocen y nos será muy útil para comprender el modo de realizar este cálculo. El mismo consiste en disponer sillas para todos los participantes. Después, el individuo que fue designado para dirigir el juego hará una señal y todos deberán ponerse de pie y caminar o bailar alrededor de las sillas. Entretanto, el encargado quitará una de las sillas, y ante una nueva señal, los participantes deberán sentarse inmediatamente.

Obviamente, uno se quedará sin lugar. Ese individuo que se quede de pie, sin asiento, resultará eliminado del juego, mientras que todos los demás competidores seguirán participando en la siguiente ronda.

Este mismo procedimiento se volverá a realizar con los participantes que no fueron eliminados. Procederán igual a la vuelta anterior, todos se pondrán de pie y caminarán alrededor de las sillas. El encargado quitará una silla, y ante la señal, cuando todos deban sentarse, uno quedará sin lugar, resultando eliminado del juego.

Procederán de acuerdo con estas normas hasta que quede un solo competidor sentado en la única silla que quedó.

Éste es el principio de nuestro sistema denominado *beguilguló,* que significa literalmente: «en sus giros».

Aplicación del sistema *beguilguló*

La primera vuelta, se tiene en cuenta todas las letras de la palabra.

La segunda vuelta, es eliminada una letra, la última, la de la izquierda, contabilizándose únicamente las que quedaron.

En la tercera vuelta es eliminada una letra, la última de las que permanecen en la palabra, contabilizándose únicamente las que quedaron. Y se procede del mismo modo hasta que quede una sola letra.

Después se suman todos los valores parciales y se obtiene el resultado final.

Los 70 idiomas de la Torá

Veamos un ejemplo: El Eterno entregó la Torá a los Hijos de Israel a través de Moisés, quien fue el encargado de explicársela al pueblo. Ahora bien, esta explicación ¿en cuántos idiomas fue dicha?

Esa respuesta la encontraremos analizando el versículo que declara: «Del otro lado del Jordán en la tierra de Moab, Moisés comenzó a explicitar —*beer*— esta Torá, diciendo» (Deuteronomio 1:5).

La palabra *beer,* que significa explicitar, indica un esclarecimiento amplio, de modo que todos puedan entender el tema abordado (Gur Arie).

El exegeta Rashi amplía la interpretación de este concepto revelando que Moisés explicó la Torá en 70 idiomas. Es decir, en las setenta lenguas madres que existían en aquella época y dieron origen a todos los idiomas hablados sobre la faz de la Tierra (Rashi, en su exégesis a Deuteronomio 1:5).

Una introspección profunda

Uno seguramente se pregunta: ¿de dónde aprendió Rashi lo concerniente a los 70 idiomas?

Los sabios enseñaron que lo aprendió por comparación recíproca de otro versículo en el cual también consta la palabra *beer*.

Se trata del versículo que declara: «Inscribirás sobre las piedras todas las palabras de esta Torá, muy explícitamente *–baer eitev–*». (Deuteronomio 27:8).

Baer eitev en el original hebreo está escrito así:

באר היטב

Obsérvese que, en esta ocasión, la palabra *beer* va seguida del modificador: «muy *–eitev–*».

A esta expresión le aplicaremos el sistema de cálculo denominado *beguilguló*.

Primera vuelta

Se toma la palabra completa y se suman todas las letras de la palabra:

היטב

ה = 5
י = 10
ט = 9
ב = 2
___
26

Segunda vuelta

Se elimina una letra, la de la izquierda, que es la letra *bet:*

היט

ה = 5
י = 10
ט = 9
___
24

Tercera vuelta

Se elimina una letra, la de la izquierda, que es la letra *tet:*

הי

ה = 5
י = 10
___
15

Cuarta vuelta

Se elimina una letra, la de la izquierda, que es la letra *iud:*

ה

ה = 5
___
5

Sumemos los resultados parciales:

Primera vuelta: 2 + 9 + 10 + 5 = 26
Segunda vuelta: 9 + 10 + 5 = 24
Tercera vuelta: 10 + 5 = 15
Cuarta vuelta: 5

Suma de los totales:

26 + 24 + 15 + 5 = 70

Resulta que, aplicando el sistema denominado *beguilguló* a la expresión *eitev*, se aprende que Moisés explicó la Torá en los 70 idiomas madres que dieron origen a todos los dialectos y las lenguas conocidos sobre la superficie de la Tierra (Gur Arié).

VII
EL ACRÓNIMO –*NOTARIKÓN*–

El acrónimo –*notarikón*– es una palabra formada por las iniciales, y a veces por más letras, de otras palabras. En el Midrash consta la fuente bíblica del acrónimo –*notarikón*–. Para dilucidarla se menciona lo que está escrito: «En cuanto a Mí, éste es Mi pacto contigo: Serás el padre de una multitud de naciones. Tu nombre ya no será Abram, sino Abraham, pues te he convertido en padre de una multitud de naciones. Te multiplicaré extraordinariamente y haré de ti naciones; y de ti descenderán reyes» (Génesis 17:4-5).

Se aprecia que en la cita bíblica mencionada se enuncia la razón por la cual le fue agregada a su nombre, que era Abram, una letra *he*. Porque con esta nueva añadidura su nuevo nombre, Abraham, indica –en el original hebreo– que será «padre de una multitud –*ab hamón*–».

Nombre original –**Abram**– אברם

Nombre actual –**Abraham**– אברהם

Rabí Aba, Rabí Berejia y Rabí Shmúel bar Ami estaban sentados y cuestionaban dónde se encuentra en la Biblia una alusión al acrónimo –*notarikón*–. Y hallaron la respuesta en el versículo que estamos abordando. Como está dicho: «Serás el padre de una multitud –*ab hamón*– de naciones». Se aprecia que en el nombre de Abraham aparecen las expresiones: *Ab* = padre; y *Ham,* que es una forma apocopada de *hamón* = multitud.

אב padre

הם multitud

En tanto la letra *reish* de Abraham, que no cumple ninguna función para manifestar su condición actual, indica su pasado, antes de alcanzar el nivel de ser considerado padre de una multitud. Pues Abraham es un acrónimo formado a partir de las palabras: *ab aram,* que significa: «padre de Aram». Aludiendo al lugar donde había nacido y crecido Abram antes de convertirse en Abraham, el padre de una multitud.

אב padre

ארם Aram

He aquí la fuente bíblica del acrónimo –*notarikón*– (Midrash Rabá Bereshit 46:7).

La aplicación del acrónimo *notarikón*

El acrónimo –*notarikón*– es muy utilizado por los sabios de Israel. Rokeaj incluyó en la introducción de su obra titulada Sefer Jojmá varios casos para explicar y dar ejemplos de utilización del acrónimo –*notarikón*–. Veamos algunos de esos ejemplos:

El Génesis comienza mediante la expresión *Bereshit.* Como está escrito: «En un comienzo –*bereshit*– Dios creó a los Cielos y a la Tierra» (Génesis 1:1).

Bereshit en el original hebreo está escrito así:

בראשית

Veamos que palabras se encuentran aludidas en este acrónimo:

ב es la inicial de ברא **Creó**
ר es la inicial de רקיע **firmamento**
א es la inicial de ארץ **Tierra**
ש es la inicial de שמים **Cielos**
י es la inicial de ימים **mares**
ת es la inicial de תהומות **abismos**

Es decir, *Bereshit* es un acrónimo formado por las letras iniciales de las palabras de esta frase: «Creó el firmamento, los Cielos, la Tierra, los mares y los abismos».

Más deducciones del acrónimo *Bereshit*

Ordenando las letras de *Bereshit* de otro modo se descubren estas otras enseñanzas:

א es la inicial de אחר **después**
ש es la inicial de ששה **de los seis**
י es la inicial de ימים **días**
ר es la inicial de ראשונים **primeros**
ב es la inicial de ברא **creó**
ת es la inicial de תהומות **abismos**

Es decir, *Bereshit* es un acrónimo formado por las letras iniciales de las palabras de esta frase: «Después de los seis días primeros creó los abismos».

Resulta que en la primera interpretación se informaba de lo que fue creado al principio, sin especificarse el día de su creación. En cambio, en esta otra interpretación se informa del día en que se crearon los abismos.

Novedosa interpretación de Bereshit

Ordenando las letras de *Bereshit* de otro modo se descubren estas otras deducciones:

ר es la inicial de רק **solamente**
א es la inicial de אם **si**
ש es la inicial de שמע **escuchar**
ת es la inicial de תשמע **escuchares**
ב es la inicial de בקול **la voz de**
י es la inicial de יהוה **El Eterno**

Es decir, *Bereshit* es un acrónimo formado por las letras iniciales de las palabras de esta frase: Solamente si escuchar escuchares la voz de El Eterno.

Esta frase alude al versículo que declara: «Solamente si escuchar escuchares su voz y cumplieres lo que te diré, entonces Yo seré el enemigo de tus enemigos y afligiré a los que te afligieren» (Éxodo 23:22).

Acrónimo sobre Israel y la Torá

Baal Haturim también expuso disertaciones a modo de acrónimo a partir de la expresión *Bereshit*

ב es la inicial de בראנה **En un comienzo**
ר es la inicial de ראה **vio**
א es la inicial de אלהים **Dios**
ש es la inicial de שיקבלו **que recibirían**
י es la inicial de ישראל **Israel**
ת es la inicial de תורה **Torá**

Es decir, *Bereshit* es un acrónimo formado por las letras iniciales de las palabras de esta frase: «En un comienzo vio Dios que –los Hijos de– Israel recibirían la Torá».

La Torá oral

Hemos apreciado que la Torá escrita comienza con un acrónimo, y lo mismo sucede con la Torá oral. Pues la Mishná, el compendio en el que Rabí Iehuda recopiló todos los fundamentos de la Torá oral, comienza con la expresión *meimatai,* que significa: «¿A partir de cuándo?».

Veamos la razón por la cual decimos que se trata de un acrónimo. Éstas son las primeras palabras de la Mishná: «¿A partir de cuándo se recita el *Shemá*? A partir de la hora en que los sacerdotes entran para comer sus ofrendas. Hasta el final de la primera guardia» (Mishná, tratado de Berajot 1:1).

Ahora analizamos: si la pregunta es «¿A partir de cuándo?», está bien que se responda: «A partir de la hora en que los sacerdotes entran para comer sus ofrendas». Pero mencionar el final del tiempo no es algo que fue preguntado, por lo que no habría lugar para manifestarlo. Sin embargo, apreciamos que también se lo menciona: «Hasta el final de la primera guardia».

¿Por qué se habla de algo que no fue preguntado? Sabido es que en la Mishná las palabras están perfectamente medidas y el autor no incluyó conceptos innecesarios ni fuera de lugar.

Consideremos que en el caso en que se deseare saber el tiempo inicial y también el final para el recitado del *Shemá,* debería haberse preguntado: «¿Cuándo se lee el *Shemá*»? Mas nunca: «¿A partir de cuándo...?». Sin duda, es algo que sorprende.

Sin embargo, analizando puntillosamente esta declaración, comprenderemos que también en este caso, como en prácticamente toda su obra, el autor incluyó un doble mensaje, y no se trata de un error. Es decir, redactó sus enseñanzas de modo tal que llamen la atención con el fin de despertar en el lector el interés de investigar, y así provocar que descubra otras enseñanzas que se encuentran encerradas en ese texto.

Veamos qué nos enseña con esta declaración que sorprende: «¿A partir de cuándo –*meimatai*–?», en el original hebreo está escrito así:

מאימתי

מ   אימתי
A partir de cuándo

Aparentemente lo que sobra es la letra *mem*, que se corresponde con la expresión «a partir de». Y si se la quitara, todo el texto estaría en concordancia con lo que se declara a continuación en la Mishná.

Veamos qué enseña esta inclusión:

La letra *mem* es la inicial de *mejaver*, que significa «autor».

מחבר

Es decir, a través de esta inclusión, Rabí Iehuda nos informa de datos específicos acerca de la autoría de la obra.

Ahora que se ha hallado la punta del ovillo, observaremos la palabra entera para comprender exactamente lo que Rabí Iehuda encerró en esa expresión con la que abrió la Mishná.

La expresión *meimatai* enseña lo siguiente:

מ es la inicial de מחבר **autor**

א es la inicial de אני yo
י es la inicial de יהודה Iehuda
מ es la inicial de משנה Mishná
ת es la inicial de תורת de la Torá de
י es la inicial de יהּ Dios

Es decir, *meimatai* es un acrónimo formado por las palabras que forman la frase: «El autor soy yo, Iehuda, de la Mishná –el compendio explicativo– de la Torá de Dios» (Ben Iehoiadá).

Además de esta información, Rabí Iehuda incluyó en este acrónimo más datos interesantes. Obsérvese que el Pentateuco comienza con el versículo que declara: «En un comienzo creó Dios a los Cielos y a la Tierra» (Génesis 1:1).

En hebreo está escrito así:

בראשית ברא אלהים את השמים ואת הארץ

Se aprecia que el nombre de Dios se encuentra en tercer lugar, después de dos palabras que le anteceden. El exegeta Rashi aclara que la intención era demostrar humildad y que todos aprendiesen de ello.

Ahora bien, Rabí Iehuda, compiló la Mishná que es la explicación de la Torá escrita, siguiendo perfectamente el modelo de la misma, incluso en la mención del autor. Ya que Dios, el autor de la Biblia, se ubicó en tercer lugar, y también Rabí Iehuda, en su acrónimo donde dio a conocer su autoría, se ubicó en tercer lugar. Como se dijo: «El autor soy yo, Iehuda...». En el original hebreo su nombre corresponde con la tercera palabra, indicada en la tercera letra del acrónimo:

מחבר אני יהודה

Se aprecia claramente que Rabí Iehuda compiló la Mishná siguiendo puntillosamente las enseñanzas de la Torá escrita, incluso los detalles más mínimos.

VII
EL ACRÓSTICO

El acróstico es una composición constituida por palabras cuyas letras iniciales, medias o finales forman un vocablo o una frase.

Es decir, el acrónimo *—notarikón—*, como dijimos, es una palabra formada por las iniciales, y a veces por más letras, de otras palabras. El acróstico, en cambio, se forma tomando las letras iniciales, medias, o finales de varias palabras para formar una palabra nueva.

Acrósticos formados con las letras iniciales

Veamos un ejemplo de acróstico que se forma tomando las letras iniciales *—rashei teivot—* de algunas palabras:

En el Día de Reposo *—Shabat—*, antes de degustar la comida sabática se recita la ceremonia de santificación denominada *kidush*.

Éste es el texto del *kidush:* «Día sexto: Y se completaron los Cielos y la Tierra, y todos sus componentes. Al séptimo día Dios completó Su obra que había hecho, y cesó el séptimo día de toda Su obra que había hecho. Dios bendijo al séptimo día y lo santificó, porque en él cesó toda Su obra que Dios creó para hacer» (Génesis 2:1-3).

Después se recita esta bendición: «Bendito eres Tú, El Eterno, Dios nuestro, Rey del universo que nos ha santificado con sus preceptos, nos deseó, y nos otorgó como heredad el santo Shabat con amor y voluntad, en recordatorio de la obra de la creación, principio de las santas convocaciones, recordatorio de la salida de Egipto, porque a nosotros has escogido y a nosotros has santificado de entre todas las naciones. Bendito eres Tú, El Eterno, que santifica al Shabat» (Maimónides, leyes de Shabat 29:3).

Apreciamos al inicio del *Kidush* la declaración: «Día sexto: Y se completaron los Cielos».

El concepto «día sexto» es un agregado. Son las palabras con las que culmina el capítulo I del Génesis. Y lo que sigue a continuación —«Y se completaron los Cielos».–, corresponde al capítulo II.

¿Y para qué fueron agregadas dos palabras del capítulo anterior? Porque las mismas, sumadas a las dos palabras con las que comienza el capítulo II, que se refiere al Shabat, contienen las iniciales del nombre de El Eterno.

Veamos: «Día sexto: Y se completaron los Cielos», en el original hebreo está escrito así:

יום הששי ויכלו השמים

Observemos las letras iniciales:

palabra	letra inicial
יום	י
הששי	ה
ויכלו	ו
השמים	ה

Se aprecia que las primeras letras de esta frase forman el nombre de El Eterno, el Tetragrama. Por eso fueron agregadas estas dos palabras al inicio del *Kidush,* para que se complete el

Tetragrama, que es el sello de toda la creación (véase Baal Haturim Génesis 1:31).

ACRÓSTICOS FORMADOS CON LAS LETRAS FINALES

Veamos un ejemplo de acróstico que se forma tomando las letras finales —*sofot teivot*— de algunas palabras:

Está escrito: «Cuando hicieres una venta a tu prójimo o hicieres una adquisición de la mano de tu prójimo, no afligirá un individuo a su prójimo» (Levítico 25:14). Esta cita se refiere a aflicciones a través de dinero. Y también está escrito: «Cada uno de vosotros no afligirá a su prójimo y temeréis a vuestro Dios; pues Yo soy El Eterno, vuestro Dios» (Levítico 25:17). Esta cita se refiere a las demás aflicciones.

Ahora bien, una aflicción comercial es posible medirla, pues se puede determinar el monto de la estafa. Por lo tanto, preguntamos: ¿Qué alcance tiene la prohibición de una aflicción comercial?

La respuesta la hallamos en el Talmud: «Una aflicción comercial se considera cuando se hubiere excedido el precio en un sexto del valor del producto —es decir, el vendedor cobró al comprador más de un sexto sobre el valor que tenía el producto que le vendió—» (Tratado de Babá Metzía 49b).

Esto está indicado en el versículo que se refiere a todo tipo de aflicciones. Como está escrito: «No afligirá un individuo a su prójimo y temeréis» (Levítico 25:17).

«Un individuo a su prójimo y temeréis» en el original hebreo está escrito así:

איש את עמיתו ויראת

Observemos las letras finales:

palabra	letra final
אִישׁ	שׁ
אֵת	ת
עֲמִיתוֹ	ו
וְיִרְאָת	ת

Se aprecia claramente la expresión *shtut*, que significa un sexto:

שְׁתוּת

Enseña que las aflicciones comerciales se consideran cuando el precio cobrado exceda un sexto al valor real del producto (Baal Haturim).

Acrósticos formados con las letras intermedias

En el Pentateuco se menciona un precepto consistente en fijar sobre las jambas de las puertas un pergamino en el que estén escritas las palabras específicas que constan en la declaración bíblica que se refiere al asunto. Como está dicho: «Y escríbelas en las jambas —*mezuzá*— de tu casa y en tus portales» (Deuteronomio 6:4-9; 11:13-21).

La palabra *mezuzá* se refiere a la jamba de la puerta, pero también se la utiliza para indicar el pergamino en el que se escribe el texto solicitado en la ordenanza.

Para cumplir con el precepto deben escribirse en el pergamino las dos secciones en las que el mismo es mencionado. La sección denominada: «Oye Israel» (Deuteronomio 6:4-9), y la sección denominada: «Y será si oyeres» (Deuteronomio 11:13-21).

Cuando una persona coloque la *mezuzá* en la jamba de la puerta deberá recitar la bendición: Bendito eres Tú, El Eterno,

Dios nuestro, Rey del universo que nos ha santificado con sus preceptos, y nos ha ordenado lo concerniente a fijar la *mezuzá*.

Después de colocarla ha de besarla y pronunciar el versículo que declara: «Éste es el portal de El Eterno; los justos por él entrarán» (Salmos 118:20).

«El portal de El Eterno; los justos», en el original hebreo se escribe así:

השער ליהוה צדיקים

Al recitar este versículo se recomienda concentrarse en las segundas letras de estas palabras, porque ellas forman el nombre de Dios «Shadai».

Este nombre es sumamente importante y por eso se escribe en el reverso del pergamino de la *mezuzá*. A través del mismo se consigue protección y benevolencia de lo Alto. Sus propiedades permiten modificar incluso los designios astrológicos adversos y desfavorables. Y también mediante este nombre se puede batir al enemigo y al opresor (Ben Ish Jai año II sección Ki Tavó).

Veamos cómo está indicado este nombre en las segundas letras de la cita mencionada:

השער

ליהוה

צדיקים

Se aprecia que las segundas letras de estas palabras forman el nombre Shadai.

IX
EL VALOR OCULTO –*NEELAM*–

Cada letra posee una parte revelada, que es la que se pronuncia, y una parte oculta, que es la parte del nombre de la letra que no se pronuncia.

Veamos un ejemplo:

El nombre completo de la letra *bet* se escribe así:

בית

Observemos la parte revelada y la oculta de esta letra:

ב   parte revelada
ית   parte oculta

La parte oculta de las letras se tiene en cuenta para realizar numerosos cálculos y deducciones. A continuación, observaremos ejemplos prácticos que nos ayudarán a comprender el tema apropiadamente.

La dimensión del mundo

En el tratado talmúdico de Jaguigá se cita este versículo para explicar detalles trascendentales de la creación del mundo: Cuando Abram tenía noventa y nueve años, El Eterno Se le apareció a Abram y le dijo: «Yo soy El Shadai; anda ante Mí y sé íntegro (Génesis 17:1).

¿Qué indica el nombre Shadai?

El Eterno manifestó: «¡Yo soy Quien dijo a mi mundo y al Cielo: Suficiente –*dai*–, deteneos ya! Y también a la Tierra le he dicho: ¡Suficiente –*dai*–! Para que detuviesen su expansión. Pues si no les hubiese dicho: ¡Suficiente –*dai*–, se seguirían expandiendo indefinidamente!».

En el Talmud se concluye que la distancia entre un extremo del mundo y el otro es igual a 500 años –considerando el tiempo que tardaría un hombre en alcanzar esa meta si recorriere tal trayecto a pie.

En la exégesis denominada Tosafot se analiza: Fue enseñado en el Talmud que desde un extremo del mundo al otro extremo del mundo hay 500 años. Como está dicho: «El Shadai». Es decir, «Yo soy quien dijo al mundo: ¡suficiente –*dai*–! Pues de lo contrario seguiría expandiéndose indefinidamente!».

Ahora bien, esta aseveración causa una sensación de asombro. Pues ¿cuál es la fuente de esta declaración ¿De dónde se aprende que desde un extremo del mundo al otro hay 500 años; ni más ni menos?

La respuesta se obtiene analizando el nombre Shadai. Ya que el mismo está escrito mediante tres letras:

שדי

El nombre de estas letras en forma completa se escribe de este modo:

שין
דלת
יוד

Observemos la parte oculta de las mismas:

parte oculta parte revelada

ין   ש

לת   ד

וד   י

Calculemos los valores numéricos correspondientes a la parte oculta de las letras de Shadai:

ין   10 + 50

לת   30 + 400

וד   4 + 6

Sumemos estos valores:

(10 + 50) + (30 + 400) + (4 + 6) = 500

Resulta que en la parte oculta de las letras de Shadai está indicada la distancia existente entre un extremo y el otro del mundo (Tosafot, tratado talmúdico de Jaguigá 12a).

El valor oculto parcial

En el caso que hemos visto se tomaron todos los componentes de la parte oculta de las letras. Pero en determinadas ocasiones, para realizar ciertos cálculos, se toman solamente ciertas partes de los componentes ocultos. Veamos un ejemplo:
En el cuarto libro del Pentateuco, Números, se narra este suceso: «Los Hijos de Israel, toda la asamblea, llegaron al Desierto de Tzin en el mes primero, y el pueblo se estableció en Kadesh. Miriam murió allí y fue enterrada en ese lugar. No había agua

para la asamblea, y se reunieron en contra de Moisés y Aarón. El pueblo tuvo una disputa con Moisés y habló, diciendo: ¡Si tan sólo hubiéramos perecido como perecieron nuestros hermanos ante El Eterno! ¿Por qué trajisteis a la congregación de El Eterno a este desierto para que muramos allí, nosotros y nuestros animales ¿Y por qué nos habéis hecho ascender de Egipto para traernos a este mal lugar? ¡No es un lugar de semilla, ni higo, ni uva, ni granada; y no hay agua para beber!».

«Moisés y Aarón llegaron ante la presencia de la congregación hacia la entrada de la Tienda de la Reunión y cayeron sobre sus rostros. La Gloria de El Eterno apareció ante ellos. El Eterno habló a Moisés, diciendo: Toma la vara y reúne a la asamblea; tú y Aarón, tu hermano, y háblale a la roca ante sus ojos y dará sus aguas. Sacaréis para ellos agua de la roca y daréis de beber a la asamblea y a sus animales» (Números 20:1-8).

La orden era clara, Moisés debía hablarle a la roca y así conseguiría que de la misma saliere agua. Sin embargo, ocurrió algo asombroso: «Moisés tomó la vara ante El Eterno, tal como Él le había ordenado. Moisés y Aarón reunieron a la congregación ante la roca y le dijeron: Escuchad ahora, rebeldes, ¿acaso sacaremos agua para vosotros de esta roca? Entonces Moisés alzó su brazo y golpeó la roca con su vara, dos veces; surgió agua en abundancia y bebieron la asamblea y sus animales» (Números 20:9-11).

¿Por qué Moisés desoyó la ordenanza divina de hablarle a la roca y en lugar de ello la golpeó? ¡Es algo que sorprende!

Para esclarecer este asunto lo analizaremos minuciosamente: la expresión hebrea utilizada por Moisés y Aarón para manifestar al pueblo que eran rebeldes es *morim*. Esta locución denota rebeldía y también insensatez, porque se trataba de individuos insensatos, que pretendían enseñar a sus propios maestros (Midrash Tanjuma).

El exegeta Rashi explica lo siguiente: Moisés y Aarón buscaban y no reconocían la roca que les había sido ordenada por el Eterno para que le hablasen, ya que ésta se había entremezclado con las demás rocas.

Los integrantes del pueblo, al ver que Moisés y Aarón trataban de encontrar la roca solicitada, les dijeron: «¿Por qué buscáis con tanta insistencia? ¡Sacad agua de otra roca! ¿Qué diferencia hay para el Eterno entre una roca y otra? ¡Todas son iguales para Él!».

En ese momento Moisés tomó una roca, que no era la que había sido ordenada, y les dijo: «*Morim*, ¿de una roca que no nos fue ordenada extraeremos para vosotros agua? ¡Debemos buscar la roca que nos fue ordenada!».

Pero al ver que el pueblo no se aplacaba, Moisés alzó su brazo y golpeó la roca con su vara, dos veces; surgió agua en abundancia y bebieron la asamblea y sus animales (Números 20:11).

Rashi explica que en principio Moisés le habló a otra roca y no salió de ella agua, pero después, estando frente a la roca ordenada, la golpeó una vez, y de la misma salieron sólo algunas gotas –porque El Eterno ordenó hablarle y no pegarle–. Moisés entonces la golpeó nuevamente, pensando que es ello necesario para que saliera más agua, y esta vez si salió mucha agua.

Ahora bien, ¿cómo sabía Moisés que golpeando la roca dos veces saldría agua en abundancia?

Moisés percibió el sentido profundo de las palabras de El Eterno. Para comprenderlo analizaremos las letras de la locución hebrea *sela*, que es la utilizada para mencionar en el versículo a la roca. *Sela* en el original hebreo está escrito de este modo:

סלע

Observemos estas letras en forma completa, de modo que nos sea posible también contemplar la parte oculta de las mismas:

סמך

למד

עין

Ahora bien, Moisés al captar la esencia de lo que se indicaba en estas letras, golpeó las letras reveladas de *sela,* y también las letras finales de las ocultas. De este modo quedó el agua – *maim*– al descubierto.

Veámoslo en forma gráfica:

ס מ ך

ל מ ד

ע י ן

Las letras de los extremos son las que fueron golpeadas por Moisés. Después de los dos golpes a las letras de los extremos, quedaron sólo las letras centrales. Las mismas forman la palabra *maim,* que significa agua.

Pues *maim* se escribe precisamente con dos letras *mem* y una letra *iud,* que son las letras que quedaron intactas, sin ser golpeadas.

מים

Esta enseñanza consta en Beer Maim Jaim; Maianá shel Torá, sección Jukat.

Los 72 nombres

Rokeaj aplicó este sistema que estamos tratando a la primera palabra que aparece en el Génesis y descubrió revelaciones extraordinarias. Para comprenderlas como es debido analizaremos una enseñaza que consta en la Mishná, con su correspondiente explicación.

En el capítulo V del tratado de Sucá se enuncia: El precepto del sauce ¿cómo se lo cumplía?

Se dilucida: en la parte inferior de Jerusalén había un lugar llamado Motzá. Cada uno de los días de la festividad de las cabañas –Sucot–, descendían allí y cortaban ramas de sauce. Las traían y las ubicaban a los lados del altar, con sus extremos encorvados sobre el mismo. Las ramas tenían una altura de once codos, y por eso sus extremos se inclinaban un codo sobre el altar.

Posteriormente, hacían sonar con el cuerno denominado *shofar* los sonidos de *tekiá, teruá, tekiá,* en el momento en que traían las ramas y las ordenaban a los lados del altar, y también por la alegría.

Cada día circundaban el altar una vez y decían: «¡Te imploramos, El Eterno, sálvanos ya!». «¡Te imploramos, El Eterno, concédenos la victoria ya!»

Rabí Iehuda afirmó que ellos decían: «¡Ani Vahó, sálvanos ya!». Es decir, no decían: «¡Te imploramos, El Eterno, sálvanos ya!», sino «¡Ani Vahó, sálvanos ya!». Y esta expresión –en el original hebreo– tiene el mismo valor numérico que: «¡Te imploramos, El Eterno, sálvanos ya!».

Veámoslo gráficamente:

«Ani Vahó, sálvanos ya», en el original hebreo está escrito así:

אני והו הושיעה נא

Éste es su valor numérico:

א =	1	ו =	6	ה =	5	נ =	50
נ =	50	ה =	5	ו =	6	א =	1
י =	10	ו =	6	ש =	300		51
	61		17	י =	10		
				ע =	70		
				ה =	5		
					396		

Sumemos el valor numérico de estas palabras:

61 + 17 + 396 + 51 = 525

«Te imploramos, El Eterno», en el original hebreo está escrito así:

אנא יהוה הושיעה נא

Éste es su valor numérico:

א =	1	י =	10	ה =	5	נ =	50
נ =	50	ה =	5	ו =	6	א =	1
א =	1	ו =	6	ש =	300		51
	52	ה =	5	י =	10		
			26	ע =	70		
				ה =	5		
					396		

Sumemos el valor numérico de estas palabras:

52 + 26 + 396 + 51 = 525

Se aprecia claramente que las expresiones: «Ani Vahó, sálvanos ya», y «Te imploramos, El Eterno», en el original hebreo tienen el mismo valor numérico.

Análisis conceptual

Las palabras –Ani Vahó– corresponden a los setenta y dos nombres de El Eterno indicados en los tres versículos que están escritos mediante 72 letras y se encuentran uno próximo al otro en el libro de Éxodo.

Éstos son los versículos:

«El ángel de Dios que había estado yendo al frente del campamento de Israel se trasladó y fue tras ellos; y la columna de nube se trasladó de delante de ellos a detrás de ellos» (Éxodo 14:19).

«Se colocó entre el campamento de Egipto y el campamento de Israel, y esa noche había nube y oscuridad; e iluminó la noche para el Pueblo de Israel, y nadie se acercó al otro durante toda la noche» (Éxodo 14:20).

«Moisés extendió su mano sobre el mar y El Eterno movió el mar con un fuerte viento del este toda la noche, y desplazó el mar a tierra húmeda, y las aguas se partieron» (Éxodo 14:21).

Cada uno de esos tres versículos, en el original hebreo, posee setenta y dos letras; y cada una de las palabras que se forma tras asociar la primera letra del primer versículo, más la última letra del versículo central, más la primera letra del último versículo, corresponde a uno de los nombres de El Eterno.

Si aplicamos este sistema a las letras subsiguientes de estos tres versículos, combinándolas del mismo modo, obtendremos un total de setenta y dos nombres, siendo el primero: «Vahó» y el trigésimo séptimo nombre es: «Ani».

En el caso en que se efectuaren dos disposiciones de estos nombres, es decir, dos órdenes de 36 nombres, cada uno sobre el total de los 72, se obtendrá el nombre «Ani» quedando primero en la segunda disposición. Resulta que estos dos nombres «Ani Vahó» son los primeros de las dos disposiciones (Rashi).

CÁLCULO DE LOS 72 NOMBRES

Veamos esto que hemos mencionado teóricamente en la práctica. Observaremos los tres versículos que hemos mencionado en el original hebreo para verificar que cada uno de ellos tiene 72 letras.

(Éxodo 14:19)
ויסע מלאך האלהים ההלך לפני מחנה ישראל וילך מאחריהם ויסע עמוד הענן מפניהם ויעמד מאחריהם

(Éxodo 14:20)
ויבא בין מחנה מצרים ובין מחנה ישראל ויהי הענן והחשך ויאר את־הלילה ולא־קרב זה אל־זה כל־הלילה

(Éxodo 14:21)
ויט משה את־ידו על־הים ויולך יהוה את־הים ברוח קדים עזה כל־הלילה וישם את־הים לחרבה ויבקעו המים

Hemos apreciado que cada uno de estos tres versículos posee 72 letras. Ahora bien, para deducir los 72 nombres hay que seguir el proceso que fue indicado. Es decir, en los versículos 19 y 21 se avanza letra por letra de derecha a izquierda. Y en el versículo 20 se avanza en orden inverso, de izquierda a derecha.

Veamos un gráfico ilustrativo utilizando letras latinas para habituarnos a emplear el sistema. Las flechas indican la dirección en que hay que desplazarse para seleccionar las letras y formar grupos de 3:

                ABC ←
→   DEF
                GHI ←

Primera deducción

La primera letra de la primera línea en orden derecha izquierda es C.
La primera letra de la segunda línea en orden izquierda derecha es D.
La primera letra de la tercera línea en orden derecha izquierda es I.
O sea, el primer nombre que se ha formado es CDI.

Segunda deducción

Avancemos ahora un carácter de acuerdo al orden señalado por las flechas:
La segunda letra de la primera línea en orden derecha izquierda es B.
La segunda letra de la segunda línea en orden izquierda derecha es E.
La segunda letra de la tercera línea en orden derecha izquierda es H.
O sea, el segundo nombre que se ha formado es BEH.

Tercera deducción

Ahora avancemos un carácter más de acuerdo al orden señalado por las flechas:
La tercera letra de la primera línea en orden derecha izquierda es A.
La tercera letra de la segunda línea en orden izquierda derecha es F.
La tercera letra de la tercera línea en orden derecha izquierda es G.
O sea, el tercer nombre que se ha formado es AFG.
Aplicando este mismo sistema a los tres versículos expuestos se obtienen los 72 nombres de Dios.

Los secretos recónditos

Remitiéndonos nuevamente a las palabras de la Mishná, ha de considerarse que los autores de la exégesis denominada Tosafot agregan acerca de lo dicho sobre este par de nombres –Ani Vahó–: ¿Por qué se diferencian estos dos nombres, mencionándoselos más que a otros?
Es a causa de la interpretación que se menciona en el Midrash Heijá Rabati. Está escrito: «Y Yo –*Ani*– estoy en medio del exilio» (Ezequiel 1:1). Y también está escrito: «Y Él –*vahú*– está preso con esposas» (Jeremías 40:1). Esta cita simboliza a El Eterno mismo, como si estuviere preso con esposas. O sea, «sálvanos», indica que El Eterno se salve a sí mismo (Mishná Sucá 4:5; Talmud, Maimónides, Rashi, Tosafot).

Aplicación de los 72 nombres

Los 72 nombres de Dios se utilizan para múltiples procesos que requieren la atracción de la energía de lo Alto en beneficio de los entes de lo bajo. Por ejemplo, para curaciones.

Incluso una persona que esté gravemente enferma puede ser sanada a través de estos 72 nombres. En el libro *Numerología y Cábala* he descrito un proceso de curación de un enfermo grave a través de este medio. Véase allí todo el procedimiento, que está basado en las declaraciones del Talmud y los exegetas que lo explican. Estos nombres se utilizan también para lograr protección y evitar aflicciones, tal como se enseña en la exégesis Baer Eitev, en su comentario al Código Legal, en el comienzo del cap. 59 (Shulján Aruj Oraj Jaim 59:1).

Asimismo, en el libro *Raziel Hamalaj* se explican las propiedades de cada uno de estos nombres y se enseñan muchos de los misterios que los mismos encierran.

Nombres de los 72 en el Génesis

Rokeaj en su explicación al sistema de cálculo consistente en tomar el valor oculto de las letras –*neelam*–, demuestra que también en el Génesis constan en forma oculta nombres de los 72 nombres de Dios. Para realizar esta deducción, el sabio se remite a las primeras letras de *Bereshit*, que es la primera palabra que consta en el Pentateuco.

Bereshit se escribe así:

בראשית

Desarrollemos sus letras:

תיו   יוד   שין   אלף   ריש   בית

Apreciamos que todas las letras de *Bereshit* en forma desarrollada poseen tres letras. Observemos las primeras letras de la parte oculta de las mismas —en este caso siempre es la letra de en medio.

Hallamos estas letras:

י—ו—י ל—י—י

Se trata de dos nombres de Dios, que surgen a partir de los tres versículos que poseen setenta y dos letras cada uno.

El producto del valor revelado y el oculto

Después de realizar esta ecuación que hemos analizado, Rokeaj menciona un sistema en el que se multiplica el valor revelado por el oculto. En el ejemplo que menciona aplica el procedimiento al nombre de El Eterno, al Tetragrama.

Aunque para comprender el desarrollo del procedimiento a llevar a cabo será necesario mencionar otro dato importante: existen dos letras que es posible escribir sus nombres completos de tres modos diferentes. Estas letras son: *he* y *vav*.

Veamos las tres posibilidades de cada letra:

he	*vav*
הא	וו
הה	ואו
הי	ויו

Ahora sí, veamos el proceso señalado en forma gráfica:

El nombre de Dios, el Tetragrama, se escribe así:

יהוה

Observemos las letras ocultas y las reveladas:

parte oculta	parte revelada
וד	י
י	ה
ו	ו
י	ה

Asignémosles ahora los valores numéricos correspondientes:

וד =	4 + 6	י	=	10
י =	10	ה	=	5
ו =	6	ו	=	6
י =	10	ה	=	5

Seguidamente, multiplicamos el valor revelado por el valor oculto de cada letra:

וד =	4 + 6	י	=	10	→	10 x 10	=	100
י =	10	ה	=	5	→	10 x 5	=	50
ו =	6	ו	=	6	→	6 x 6	=	36
י =	10	ה	=	5	→	10 x 5	=	50

Sumemos los valores obtenidos:

100 + 50 + 36 + 50 = 236

Resulta que el producto obtenido de la multiplicación de las letras reveladas por las letras ocultas del Tetragrama es igual a 236.

Veamos qué indica este valor:

En el libro de los Salmos está escrito: «Grande es nuestro Señor, y de gran poder, y su entendimiento es infinito» (Salmos 147:5).

Veamos cómo está escrita la expresión que manifiesta: «y de gran poder» en el original hebreo:

ורב כח

Calculemos el valor numérico de esta expresión:

$$
\begin{aligned}
ו &= 6 \\
ר &= 200 \\
ב &= 2 \\
כ &= 20 \\
ח &= 8 \\
\hline
&236
\end{aligned}
$$

Hemos apreciado que el valor que señala el gran poder de El Eterno coincide con el valor del Tetragrama. Es decir, en el Tetragrama está indicado el gran poder de El Eterno.

El poder manifestado en la creación

Mediante este gran poder, El Eterno creó el mundo. Para comprobarlo, sumemos el valor oculto antes mencionado de *Bereshit* más el producto del Tetragrama.

Las letras del valor oculto de *Bereshit* que han de tomarse, tal se enseñó arriba, son éstas:

י‍ׅ‍ ו‍ׅ‍ ל‍ׅ‍י‍ׅ‍ י‍ׅ‍

Calculemos el valor numérico de las mismas:

$$\begin{aligned} \text{י} &= 10 \\ \text{י} &= 10 \\ \text{ל} &= 30 \\ \text{י} &= 10 \\ \text{ו} &= 6 \\ \text{י} &= 10 \\ \hline &76 \end{aligned}$$

Sumemos el valor obtenido de las letras ocultas de *Bereshit* más el producto del Tetragrama:

236 + 76 = 312

Agreguemos ahora el valor intrínseco 1 de *Bereshit* y el valor intrínseco 1 del Tetragrama:

312 + 1 + 1 = 314

314 es el valor que corresponde con el nombre de Dios Shadai, con el que puso límites al mundo; dato este que se encuentra indicado en el valor oculto de ese nombre.

Veamos el valor numérico de Shadai:

$$\begin{aligned} \text{ש} &= 300 \\ \text{ד} &= 4 \\ \text{י} &= 10 \\ \hline &314 \end{aligned}$$

Apreciamos que el valor del nombre Shadai coincide con la suma del valor oculto de *Bereshit* más el producto del Tetragrama. Y como habíamos dicho, el valor oculto de Shadai es igual a 500, que es la distancia existente entre un extremo y el otro del mundo (Rokeaj, Sefer Hajojmá: shaar hanolad ve haneelam).

X
INTERCAMBIO DE LETRAS OPUESTAS –*AT-BASH*–

En el Talmud se explica un sistema de intercambio de letras consistente en cambiar la primera letra del alfabeto por la última, la segunda letra del alfabeto por la penúltima, la tercera letra del alfabeto, por la penúltima, y así sucesivamente. Este sistema de intercambio de letras se denomina *At-bash*.

La denominación asignada, *At-bash*, indica el procedimiento empleado en el sistema. La primera parte del nombre, *at*, está formada por dos letras del alfabeto hebreo, la primera y la última, *alef* y *tav*.

אבגדהוזחטיכלמנסעפפצקרשת

Estas dos letras se intercambian entre sí:

א = ת

La segunda parte del nombre atribuido a este sistema, *bash*, está formada también por dos caracteres del alfabeto hebreo, *bet* y *shin*. *Bet* es la segunda letra del alfabeto hebreo, en tanto *shin*, es la penúltima.

אבגדהוזחטיכלמנסעפפצקרשת

Estas dos letras se intercambian entre sí:

שׁ = בּ

A partir de estas dos primeras combinaciones de letras que indican la estructura del sistema, se origina el nombre del mismo: *At-bash*.

Origen del sistema *At-bash*

En el Talmud se menciona esta trascendental enseñanza: «Dijo Rab Jisda: Las letras *mem* final y *samej*, que estaban labradas en las tablas de la ley entregadas por El Eterno a Moisés, se mantenían milagrosamente –pues el centro de las mismas estaba suspendido en el aire y no se caía–». El mismo sabio agregó: «La escritura de las tablas de la ley se leía de frente y del reverso».

Esto implica que en el dorso de las tablas de la ley se leían las mismas letras pero al revés, y las palabras también se veían al revés. Por lo tanto, se entiende que la escritura estaba labrada de manera tal que pasaba de lado a lado, atravesando totalmente el espesor de las tablas (Talmud, tratado de Shabat 104; Rashi).

Es decir, tal como adelantamos, cada letra se veía en la parte frontal de la tabla; y si se observaba el otro lado, el revés, también se la veía, pero lógicamente, en posición invertida.

Esto explica el motivo por el cual el sabio dijo que las letras *mem* y *samej* se mantenían milagrosamente. Era porque la forma que tienen estos caracteres es totalmente cerrada, y en el medio poseen una parte central. Esto obligaría a que el centro disponga de un sostén, pues al estar rodeado de un labrado que lo contorneaba totalmente, y atravesaba de lado a lado la superficie que contenía las letras, forzosamente el centro quedaba suspendido en el aire. Por eso decimos que, según la lógica, sin apoyo no se podría mantener, tratándose de un milagro.

Ésta es la forma de las letras *samej* y *mem* final:

mem final   *samej*

ם   ס

Se aprecia que ambas letras poseen una fisonomía completamente cerrada. Y si la parte negra de las mismas, que corresponde con el labrado de su forma, pasaba de lado a lado, ¿cómo se mantenía el centro, sin tener ningún tipo de apoyo ni lugar donde sujetarse? ¡Evidentemente se trataba de un milagro!

Palabras invertidas

Rab Jisda citó algunos ejemplos de palabras que se leen al derecho y al revés, para dejar bien en claro lo enunciado.

Mencionó, en primer lugar, la palabra *nevuv*. Ésta es la vista que presentaría ese término si fuere visualizado desde el frente de la tabla:

נבוב

Pero si se observase esta misma palabra en el reverso de la tabla, se vería al revés:

בובנ

Fuente bíblica de la inversión

Esta enseñanza de Rab Jisda está basada en la Biblia. Como está escrito: «Moisés se volvió, y descendió del monte, y las dos tablas del testimonio en su mano, eran tablas escritas en sus dos lados, de uno y del otro –lado– estaban escritas» (Éxodo 32:15).

Esta declaración de Rab Jisda posibilita comprender el origen bíblico del sistema de intercambio de letras *At-bash*. Pues, aplicando este concepto a todo el alfabeto hebreo, se obtiene un reemplazo idóneo para cada letra, coincidiendo perfectamente con las bases del sistema.

Veámoslo gráficamente:

Ésta es la vista frontal del alfabeto hebreo completo:

אבגדהוזחטיכלמנסעפצקרשת

Ésta es la vista desde el revés del alfabeto hebreo completo:

תשרקצפעסנמלכיטחזוהדגבא

Si superponemos estas dos vistas –frente y reverso–, obtendremos todas las combinaciones del sistema de intercambio *At-bash*:

ת	ש	ר	ק	צ	פ	ע	ס	נ	מ	ל	כ	י	ט	ה	ז
↓	↓	↓	↓	↓	↓	↓	↓	↓	↓	↓	↓	↓	↓	↓	↓
א	ב	ג	ד	ה	ו	ז	ח	ט	י	כ	ל	מ	נ	ס	ע

ו	ה	ד	ג	ב	א
↓	↓	↓	↓	↓	↓
פ	צ	ק	ר	ש	ת

Ésta es la tabla completa de intercambio de letras mediante el sistema *At-bash*:

LAS CLAVES DE LA NUMEROLOGÍA CABALÍSTICA

ת = א
ש = ב
ר = ג
ק = ד
צ = ה
פ = ו
ע = ז
ס = ח
נ = ט
מ = י
ל = כ

SECUENCIAS DE LA CREACIÓN A TRAVÉS DEL SISTEMA *AT-BASH*

El sistema de intercambio de letras denominado *At-bash* es muy utilizado por los sabios que interpretan las palabras de la Torá. Tanto en el Talmud, el Midrash como en los libros de Cábala, encontramos múltiples casos en los que se aplica este sistema.

Rabí Akiva, por ejemplo, aplicó este método a todas las letras hebreas, y paralelamente describió el proceso de la creación del universo. Y, además, narró secuencias de los primeros momentos de la vida del ser humano sobre la Tierra. Esta disertación quedó registrada en el Midrash (Otiot de Rabí Akiva, Midrash Alfa Betot).

Letras alef y tav

La primera combinación del sistema se realiza tomando a la letra *alef*, la primera letra del alfabeto hebreo, y la última letra, *tav*. Estos dos caracteres conforman el punto de partida del sistema de intercambio *At-bash*.

א = ת

¿Qué se aprende de esta combinación? *Alef* es la inicial de Adam –Adán–, el primer hombre; y *tav*, es la inicial de *tejilat*, que significa literalmente «principio», y se refiere al objetivo principal establecido desde el principio de la creación.

Adam   אדם ← א

Tejilat   תחילת ← ת

La tesis expuesta revela que Adán fue el principio –el objetivo principal– de la creación del mundo.

Esta conjetura está fundamentada sobre la base de que todos los demás entes fueron creados mediante la palabra de Dios. Sin embargo, a Adán Dios lo creó con «Su mano».

Para comprobar la autenticidad de esta afirmación nos remitimos al libro de los Salmos. Allí está escrito: «Porque Él –Dios– pronunció y fue –se hizo realidad lo que pronunció–, Él ordenó y existió –la obra de la creación–» (Salmos 33:9). El texto expuesto señala con absoluta claridad que Dios creó el universo y todo lo que el mismo contiene mediante la palabra.

Sin embargo, con respecto a la creación del hombre está escrito: «El Eterno Dios hizo al hombre del polvo de la tierra, y espiró en su nariz alma de vida; y el hombre fue un ser viviente» (Génesis 2:7).

Analizando esta cita se deduce que la mano es el miembro estándar que los hombres utilizan para hacer. En referencia a todo aquello que con frecuencia hacen, como trabajar u otros movimientos requeridos habitualmente.

Esta conjetura induce a determinar que la palabra «hizo» es elocuente, indica que El Eterno «hizo» al hombre con «Su mano», es decir, de una manera distinta a todas las demás creaciones, las cuales fueron concebidas mediante la palabra.

Finalmente, dado que El Eterno hizo al hombre de un modo especial y distintivo, indica que le tenía preparado un objetivo especial. Esta conjetura es la base de la enseñanza que surge tras aplicar el sistema *At-bash* a la primera letra del alfabeto: Adán fue el principio –el objetivo principal– de la creación del mundo. Cabe aclarar que los conceptos y acciones característicos de los seres humanos fueron escritos para permitir una apreciación más acertada de las elevadas enseñanzas expuestas en el Pentateuco. De este modo se posibilita obtener una idea más cabal, representada a través de una visualización gráfica imaginaria del concepto aludido. Tal como enseñó Maimónides: conceptos tales como «palabra» y «mano» de El Eterno son elementos abstractos. Los mismos se incluyen en los textos sagrados con el fin de permitir al raciocinio humano percibir enseñanzas intrínsecas que superan el poder de captación mental ordinario. Pero eso no significa que El Eterno pronuncie palabras o tenga mano, ya que Él es espiritual e ilimitado, sin delimitaciones de ningún tipo (Maimónides, Iesodei Ha Torá 1:9).

Letras *bet* y *shin*

La segunda combinación se realiza tomando la letra *bet*, la segunda letra del alfabeto hebreo, y la penúltima letra, *shin*.

ש = ב

Esto se aprende de esta combinación: la letra *bet* es la inicial de *behemá vejaiá*, que significa: animales domésticos y salvajes.
La letra *shin* es la inicial de *shekatzim veremesim*, que significa: insectos y reptiles.

behema vejaia	בהמה וחיה ← ב
shekatizm veremesim	שקצים ורמשים ← ש

Esta coincidencia enseña que los animales domésticos y los salvajes, los insectos y los reptiles, fueron creados junto con Adán, el primer hombre.

Ahora bien, ¿cuál fue la razón por la que estos seres fueron creados junto con el hombre y no en otro momento?

La respuesta es que El Eterno actuó de ese modo porque previó lo que podría suceder y dijo: «Si el hombre llegare a engreírse, en ese caso se le dirá: ¡No te engrías, pues los animales domésticos y los salvajes, los insectos y los reptiles, son como tú, pues fueron creados junto contigo!».

Esta aseveración está indicada en el versículo que declara: «El hombre no debe buscar constantemente honores, pues es comparado a los animales, y se parece a ellos» (Salmos 49:13).

Asimismo, hay otra cita en la que se aprecia la semejanza referida, e incluso de modo más acentuado. Como está escrito: «Los animales salvajes y todos los animales domésticos, los reptiles y las aves aladas, los reyes de la tierra y todos los pueblos, los príncipes y todos los jueces de la tierra, los adolescentes y también las mujeres vírgenes, los ancianos con los jóvenes, alaben el nombre de Dios, pues enaltecido es sólo Su nombre, Su esplendor está sobre la Tierra y los Cielos» (Salmos 148:10).

Las palabras expuestas engloban la causa por la cual es revelada, precisamente en esta combinación de las letras *bet* con *shin*, una advertencia dirigida al hombre. La misma es: si bien es cierto que el hombre gozó de un privilegio especial al haber sido creado por la mano de Dios, de todos modos, no debe engreírse.

Letras *guimel* y *reish*

La tercera combinación se realiza tomando la letra *guimel,* la tercera letra del alfabeto hebreo, y la antepenúltima letra, *reish.*

$$ג = ר$$

La letra *guimel* es la inicial de la palabra *gan,* que significa jardín. La letra *reish* es la inicial de la palabra *rosh,* que significa «cabeza» y también «primero».

gan גן ← ג
rosh ראש ← ר

Gan se refiere al Jardín que el Todopoderoso plantó en el Paraíso denominado Edén, y dispuso allí doce palios nupciales. Los decoró con perlas y piedras preciosas en honor de Adán, el primer hombre –que se casaría allí con Eva.

Rosh se refiere a Adán, ya que fue el primero –*rosh*– que entró en el Jardín del Edén, antes de que lo hicieran todos los justos. Como está escrito: «Plantó el Eterno, Dios, un Jardín en el Edén, al oriente, y puso allí al hombre que hizo» (Génesis 2:8).

Letras *dalet* y *kuf*

La siguiente combinación se realiza tomando la letra *dalet,* la cuarta letra del alfabeto hebreo, y la cuarta de atrás hacia delante, la letra, *kuf.*

$$ד = ק$$

La letra *dalet* es la inicial de la palabra *dlatei,* que significa «puertas». La letra *kuf* es la inicial de la palabra *karú,* que significa «llamaron», y también es la inicial de la frase: *kedoshei elionim veguivorei arabot,* que significa: «Los sagrados arcángeles de lo Alto, y los imponentes –ángeles– de los Cielos».

dlatei דלתי ← ד

karú קראו ← ק

kedoshei elionim veguivorei arabot קדושי עליונים וגבורי ערבות

Dlatei se refiere a las puertas del Jardín del Edén, que los ángeles celestiales abrieron ante Adán, cumpliendo con la ordenanza de El Eterno, que los había enviado para que le sirvieren.

Karú se refiere a los sagrados arcángeles de lo Alto, y los imponentes ángeles de los Cielos; ellos lo llamaron –*karú*– a Adán para solicitarle que ingresara al Jardín –*gan*– del Edén por las puertas especiales que habían sido abiertas para tal fin. Le dijeron «¡Ven en paz!».

Letras *he* y *tzadi*

La siguiente combinación se realiza tomando la letra *he,* la quinta letra del alfabeto hebreo, y la quinta de atrás hacia delante, la letra, *tzadi.*

ה = צ

La letra *he* es la inicial de la palabra *hipil,* que significa «hizo caer». En tanto, la letra *tzadi* es la inicial de la palabra *tzela,* que significa «costal».

hipil הפיל ← ה

tzela צלע ← צ

Hipil se refiere a Adán, ya que el Todopoderoso lo hizo caer —*hipil*— en sueño profundo para extraerle un hueso del costado de su cuerpo, y construir a partir del mismo a la mujer. Como está escrito: Hizo caer el Eterno, Dios, sueño profundo sobre Adán, y se durmió; tomó uno de sus costados, y llenó con carne su lugar (Génesis 2:21).

Después que Adán se durmió, el Todopoderoso le extrajo un costado —*tzela*—, y con el mismo construyó a la mujer. Como está escrito: «El Eterno, Dios, hizo con el costado que tomó de Adán a la mujer, y la trajo a Adán» (Génesis 2:22).

Letras *vav* y *pe*

La siguiente combinación se realiza tomando la letra *vav*, la sexta letra del alfabeto hebreo, y la sexta de atrás hacia delante, la letra *pe*.

פ = ו

La letra *vav* es la inicial de la palabra *vaiviea*, que significa «y la trajo». La letra *pe* es la inicial de la palabra *pamalia*, que significa «corte».

vaiviea ויבאה ← ו

pamalia פמליא ← פ

Vaiviea se refiere a la mujer que el Todopoderoso hizo con el costado de Adán; y una vez que estaba lista se la trajo. Como está escrito: «El Eterno Dios, con el costado que había tomado del hombre, construyó una mujer y la llevó ante el hombre» (Génesis 2:22).

La mujer fue llevada hacia Adán escoltada por una corte —*pamalia*— integrada por decenas de miles de ángeles celestiales, los cuales entonaban cánticos y melodías deleitables. Y estos ángeles descendieron con Adán y Eva al Jardín del Edén. Algunos portaban en sus manos arpas, otros llevaban liras, algunos violines y estaban aquellos que llevaban panderetas. Además, los ángeles bailaban alegremente delante de la pareja como lo suelen hacer las jovencitas.

Letras *zain* y *ain*

La siguiente combinación se realiza tomando la letra *zain*, la séptima letra del alfabeto hebreo, y la séptima de atrás hacia delante, la letra, *ain*.

$$ ע = ז $$

La letra *zain* es la inicial de la palabra *zimén*, que significa «invitó». La letra *ain* es la inicial de la palabra *araj*, que significa «dispuso».

zimén זימן ← ז
araj ערך ← ע

Zimén enseña que el Todopoderoso invitó a ambos, a Adán y Eva, al distinguido banquete que fue organizado en honor de ellos en el Jardín del Edén.

Araj enseña que el Todopoderoso dispuso mesas decoradas con magníficas piedras preciosas. Además, sobre las mesas había dispuestos sabrosos manjares para darle a la velada un marco verdaderamente imponente. Como se indica en el versículo que declara: «Dispone delante de mí la mesa» (Salmos 23:5).

Letras *jet* y *samej*

La siguiente combinación se realiza tomando la letra *jet,* la octava letra del alfabeto hebreo, y la octava de atrás hacia delante, la letra, *samej.*

ס = ח

La letra *jet* es la inicial de la palabra *jashu,* que significa «diligentemente». La letra *samej* es la inicial de la palabra *saj,* que significa «habló».

jashu   חשו   ←   ח
saj   סח   ←   ס

Enseña que los ángeles dispusieron diligentemente –*jashu*– el banquete, preparando carne asada y colando vino para honrar a Adán y su esposa. Pero apareció la serpiente, y vio esos honores que le rendían al hombre y a su mujer en el Jardín del Edén, por eso sintió envidia de ellos. Entonces el Todopoderoso le habló –*saj*– a Adán, diciéndole: «Del árbol de la sabiduría del bien y del mal no comáis de él, pues el día que comiereis de él, ciertamente moriréis» (Génesis 2:17).

Letras *tet* y *nun*

La siguiente combinación se realiza tomando la letra *tet,* la novena letra del alfabeto hebreo, y la novena de atrás hacia delante, la letra *nun.*

נ = ט

La letra *tet* es la inicial de la palabra *taatá*, que significa «se equivocó», en tanto que la letra *nun* es la inicial de la palabra *niftejú*, que significa «se abrieron».

taatá טעתה ← ט

niftejú נפתחו ← נ

Enseña que Eva se equivocó –*taatá*– por las palabras de la serpiente, pues: «La serpiente era astuta, más que todos los animales del campo que hizo el Eterno Dios, y dijo a la mujer: ¿Acaso dijo Dios no comáis de ningún fruto del Jardín?».

«La mujer le respondió a la serpiente: Del fruto de los árboles del Jardín podemos comer. Y del árbol que hay dentro del Jardín, dijo Dios no comáis de él, y no lo toquéis, para que no muráis».

«La serpiente le dijo a la mujer: ¡No moriréis! Y agregó: Pues ciertamente sabe Dios que en el día en que comáis de él se abrirán vuestros ojos, y seréis como Dios –podréis hacer mundos como Él y seréis– conocedores del bien y del mal».

«La mujer vio que es bueno el árbol para comer, codicioso para los ojos y deseable para entender, y tomó de su fruto y comió; y dio también a su marido que estaba con ella, y él comió» (Génesis 3:1-6).

Fue entonces cuando: «Se abrieron –*niftejú*– los ojos de ellos –de Adán y Eva–, y supieron que estaban desnudos, y cosieron hojas de higuera y se hicieron delantales» (Génesis 3:7).

Letras iud y mem

La siguiente combinación se realiza tomando a la letra *iud*, la décima letra del alfabeto hebreo, y la décima de atrás hacia delante, la letra, *mem*.

י = מ

La letra *iud* es la inicial de la palabra *iadúa*, que significa «es sabido»; y también es la inicial de la palabra *iarad*, que significa «descendió». La letra *mem* es la inicial de la palabra *mi*, que significa «quién».

iadúa ידוע ← י

iarad ירד

mi מי ← מ

Enseña que era manifiesto y sabido –*iadúa*– por Dios lo que el hombre y su mujer habían hecho; por eso descendió –*iarad*– y se ubicó en la entrada del Jardín del Edén. En ese momento llamó a Adán. Como está escrito: «Escucharon la voz de El Eterno Dios, que pasaba por el Jardín, en dirección del día –hacia el oeste–; y Adán y su mujer se escondieron ante el Eterno Dios entre los árboles del Jardín. Y El Eterno Dios llamó al hombre y le dijo: ¿Dónde te encuentras?».

«El hombre respondió: He escuchado Tu voz en el Jardín, y temí porque estaba desnudo, y me escondí».

«Dios le dijo: ¿Quién –*mi*– te ha dicho que estás desnudo –y por eso debes avergonzarte. ¿Acaso has comido del árbol del que te he ordenado que no comieras?» (Génesis 3:8-11).

Lo que sucedió a posteriori se explica a partir de las dos letras siguientes del alfabeto hebreo, siguiendo el orden del sistema de *At-bash*.

Letras *kaf* y *lamed*

La siguiente combinación se realiza tomando la letra *kaf*, la undécima letra del alfabeto hebreo, y la undécima de atrás hacia delante, la letra *lamed*.

כ = ל

La letra *kaf* es la inicial de la palabra *kulam,* que significa «todos». En tanto, la letra *lamed* es la inicial de la palabra *lakú,* que significa «fueron castigados».

kulam כולם ← כ

lakú לקו ← ל

Se aprende que todos –*kulam*– serán convocados por Dios a juicio, tal como en un principio convocó a Adán. En ese momento Dios le dijo: «¿Por qué habéis comido del fruto del árbol de la sabiduría, del que te había dicho que no comáis de él?».

Adán respondió: «La mujer que me has concedido para que esté conmigo, ella me dio del árbol y comí» (Génesis 3:12).

Tras esta declaración de Adán, Dios convocó a la mujer y le preguntó: «¿Por qué razón habéis comido?».

Y la mujer respondió: «La serpiente me sedujo y comí» (Génesis 3:13).

Después de esta declaración de la mujer, Dios convocó a la serpiente y le dijo: «Porque has hecho esto, maldita serás entre todos los animales domésticos y todos los animales salvajes del campo; sobre tu vientre andarás y polvo comerás todos los días de tu vida» (Génesis 3:14).

Es importante aclarar que cuando Dios le dijo a la serpiente «sobre tu vientre andarás», ella respondió: «¡Amo del universo, si es así, si es esa Tu voluntad, seré como un pez que vive dentro del mar, el cual no tiene pies!». Y cuando Dios le dijo: «polvo comerás», la serpiente respondió: «¡Amo del universo: si el pez come polvo, ¿también yo comeré polvo?!»

En ese momento Dios tomó a la serpiente y le cortó su lengua en dos partes. Después le dijo: «¡Malvada, tú has comenzado hablando perversamente, por eso Yo les informaré a todos los pobladores de la Tierra que tu lengua te causó todo esto!».

Antes bien, este suceso ocasionó que pese a que fueron tres los que pecaron, cuatro fueron castigados —*lakú*—. Pues la serpiente, la mujer y el hombre pecaron, y fueron expulsados del Jardín del Edén. Como está escrito: El Eterno Dios lo depuso del Jardín del Edén, para que trabajara el suelo del que fue tomado. Y al expulsar al hombre, Él colocó al este del Jardín del Edén los querubines y el filo de la espada giratoria para custodiar el camino que conduce al árbol de la vida (Génesis 3:23-24). Pero también la tierra fue castigada. Como está escrito: «Al hombre le dijo: Por haber hecho caso a la voz de tu esposa y haber comido del árbol acerca del cual te ordené, diciendo: ¡De él no comerás!, maldita es la tierra por tu culpa» (Génesis 3:17) (Otiot de Rabí Akiva).

El calendario y el sistema *At-bash*

A través del sistema *At-bash* es posible saber qué día de la semana caerá cada festividad. El punto de partida para realizar este cálculo es la festividad de Pesaj.

La razón se debe a que el mes hebreo de Nisán, en el que cae Pesaj, se considera el principio de todos los meses del año. Como está escrito: «El Eterno les dijo a Moisés y a Aarón en la tierra de Egipto: éste mes será para vosotros el principio de los meses, será para vosotros el primero de los meses del año» (Éxodo 12:1-2).

Es decir, este mes, en el que salieron los Hijos de Israel de Egipto, es el primer mes para la cuenta de los meses del año. Se aprende de aquí, que el primero de Nisán también es Año Nuevo: Año Nuevo para el reinado de Israel, y así para las festividades de Israel, que son ellas en recuerdo de la salida de Egipto y la redención del pueblo (véase Mishná Rosh Hashaná 1:1).

Todas las fechas festivas

Si Pesaj cae el día primero de la semana –domingo–, en ese mismo día caerá la fecha de la conmemoración de la destrucción del Templo Sagrado –9 de Av–. Y ello se sabe porque la letra inicial de la expresión hebrea que indica 9 de Av coincide en el sistema *At-bash* con la letra *alef*, cuyo valor es 1, e indica el primer día de Pesaj.

Veámoslo gráficamente:
9 de Av en hebreo se expresa mediante la locución *tishá be Av* y se escribe así:

תשעה באב

Se aprecia que *tishá be Av* comienza con la letra hebrea *tav*. Y en el sistema *At-bash*, la letra tav se intercambia por *alef*, cuyo valor es 1.

ת = א

Resulta que el día en que cae el primer día de Pesaj, en ese año el 9 de Av caerá en ese mismo día.

El segundo día de Pesaj

El segundo día de Pesaj se indica a través de la letra *bet,* cuyo valor es 2.

ב = 2

Bet en el sistema *At-bash* se intercambia por *shin*.

$$שׁ = ב$$

Shin es la letra inicial de *Shavuot*, el nombre de la festividad en la que se celebra la entrega de la Torá.

Shavuot   שבועות ← שׁ

Indica que el día en que caiga el segundo día de Pesaj, en ese mismo día caerá la festividad de Shavuot.

EL TERCER DÍA DE PESAJ

El tercer día de Pesaj se indica a través de la letra *guimel*, cuyo valor es 3.

$$ג = 3$$

Guimel en el sistema *At-bash* se intercambia por *reish*.

$$ג = ר$$

Reish es la letra inicial de *Rosh Hashaná*, el Año Nuevo.

Rosh Hashaná   ראש השנה ← ר

Indica que el día en que caiga el tercer día de Pesaj, en ese mismo día caerá Rosh Hashaná.

El cuarto día de Pesaj

El cuarto día de Pesaj se indica a través de la letra *dalet*, cuyo valor es 4.

ד = 4

Dalet en el sistema *At-bash* se intercambia por *kuf*.

ק = ד

Kuf es la letra inicial de *kinián*, que significa «adquisición». Se refiere a la festividad en la que se adquiere la Torá, ya que se la completa íntegramente. En esta festividad hay mucha alegría, y por ello se la denomina: «La fiesta de la alegría de la Torá –*Simjat Torá*».

kinián קנין ← ק

Esta coincidencia indica que el día en que caiga el cuarto día de *Pesaj*, en ese mismo día caerá el día en que se completa la adquisición –*kinián*– de la Torá –Simjat Torá.

El quinto día de pesaj

El quinto día de Pesaj se indica a través de la letra *he*, cuyo valor es 5.

ה = 5

He en el sistema *At-bash* se intercambia por *tzadi*.

ה = צ

Tzadi es la letra inicial de *tzom*, que significa ayuno.

Tzom צום ← צ

Se refiere al Día del Perdón –*Iom Kipur*–, el único ayuno que está estipulado en el Pentateuco. Como está escrito: «Esto será para vosotros por decreto eterno: en el mes séptimo, el día diez del mes, afligiréis vuestras almas, y no haréis ninguna labor, ni el nativo ni el converso que residiere entre vosotros. Pues en este día él procurará expiación para vosotros, para purificaros; de todos vuestros pecados ante El Eterno seréis purificados» (Levítico 16:29-30).

Esta coincidencia en *At-bash* indica que el día en que caiga el quinto día de Pesaj, en ese mismo día caerá el Día del Perdón –*Iom Kipur*.

El sexto día de pesaj

El sexto día de Pesaj se indica a través de la letra *vav*, cuyo valor es 6.

ו = 6

Vav en el sistema *At-bash* se intercambia por *pe*.

פ = ו

Pe es la letra inicial de *Purim*.

Purim פורים ← פ

Purim es la fiesta en la que se celebra la salvación del pueblo de Hamán. Como está escrito: «Y vio Hamán que Mordejai ni se arrodillaba ni se prosternaba delante de él; y se llenó de ira. Mas Hamán consideraba despreciable echar mano a Mordejai solamente, pues ya le habían manifestado cuál era el pueblo de Mordejai; y procuró Hamán destruir a todos los judíos que había en todo el reino de Asuero, al pueblo de Mordejai. En el mes primero, que es el mes de Nisán, en el año duodécimo del rey Asuero, fue echada Pur, es decir, la suerte, delante de Hamán, sobre cada día y cada mes del año; y salió el mes duodécimo, que es el mes de Adar. Y dijo Hamán al rey Asuero: Hay un pueblo esparcido y apartado entre los pueblos, en todas las provincias de tu reino; y sus leyes son diferentes de las de todo pueblo, y no guardan las leyes del rey, y al rey nada le beneficia dejarlos vivir. Si satisface al rey, escriba que sean destruidos; y yo pesaré diez mil talentos de plata por medio de los que realizan la labor, para que sean traídos a los tesoros del rey» (Ester 3:5-9).

Mas el perverso plan de Hamán no tuvo éxito. Como está escrito: «Pues cuando Ester vino ante la presencia del rey, él ordenó por carta que el malévolo plan que aquél tramó contra los judíos recayera sobre su cabeza; y que colgaran a él y a sus hijos en la horca. Por eso llamaron a estos días Purim, por el nombre Pur; y debido a las palabras de esta carta, y por lo que ellos vieron sobre esto, y lo que llevó a su conocimiento. Por tanto, los judíos establecieron y tomaron ellos y sobre su descendencia y sobre todos los allegados a ellos que no dejarían de celebrar estos dos días según está escrito concerniente a ellos, conforme a su tiempo cada año. Y que estos días serían recordados y celebrados en todas las generaciones, por todas las familias, en todas las provincias y en todas las ciudades; y que estos días de Purim no dejarían de ser guardados por los judíos, y que su descendencia jamás dejaría de recordarlos» (Ibíd. 9:25-28).

Por lo tanto la coincidencia existente de acuerdo con el sistema *At-bash*, donde se combinan las letras *vav* con *pe*, indica que el día en que caiga el sexto día de Pesaj, en ese mismo día caerá la fiesta de Purim que antecede a Pesaj (Taamei Haminaguim 464).

Ésta es la tabla completa de las festividades indicadas a partir de Pesaj:

9 de Av תשעה באב   ← ת = א   Día 1 de Pesaj

Shavuot שבועות   ← ש = ב   Día 2 de Pesaj

Rosh Hashaná ראש השנה   ← ר = ג   Día 3 de Pesaj

Kinián Torá –Simjat Torá– קנין תורה   ← ק = ד   Día 4 de Pesaj

Tzom –Iom Kipur– צום   ← צ = ה   Día 5 de Pesaj

Purim פורים   ← פ = ו   Día 6 de Pesaj

La razón intrínseca del Día del Perdón

A continuación, observaremos la aplicación del sistema *At-bash* a través de un ejemplo relacionado con la razón intrínseca del Día del Perdón. En el Midrash se explica cómo se adjudicaron los Hijos de Israel el Día del Perdón:

Cuando se encontraban en el desierto, los Hijos de Israel habían corrompido su andar; mas finalmente se retractaron y enmendaron sus acciones en forma oculta. Como está dicho: «El Eterno dijo a Moisés: Ve, asciende desde aquí, tú y el pueblo que has hecho ascender de la tierra de Egipto, a la tierra que juré a Abraham, a Isaac y a Jacob, diciendo: La daré a tu descendencia. Enviaré un ángel delante de ti, y expulsaré al cananeo, al amorreo, al jeteo, al perizeo, al jiveo y al iebuseo. Iréis a una tierra donde fluye leche y miel, pero no ascenderé entre vosotros, pues sois un pueblo obstinado, para que no os consuma en el camino».

El pueblo oyó esta mala noticia y se apesadumbró, y nadie se puso sus coronas de testimonio. El Eterno le dijo a Moisés: Diles a los Hijos de Israel: Sois un pueblo obstinado. Si Yo ascendiere entre vosotros, podría aniquilaros en un solo instante. Y ahora quítate las coronas de tu testimonio y sabré qué te haré. Y los Hijos de Israel fueron desprovistos de sus coronas de testimonio desde el Monte Joreb».

«Moisés tomaba la Tienda y la instalaba fuera del campamento, lejos del campamento, y la llamaba Tienda de la Reunión. Y así era que todo el que buscaba a El Eterno salía a la Tienda de la Reunión, que se hallaba afuera del campamento. Cada vez que Moisés salía a la Tienda, todo el pueblo se levantaba y permanecía de pie, cada uno en la entrada de su tienda, y contemplaba cómo Moisés llegaba a la Tienda».

«Cuando Moisés llegaba a la Tienda, descendía una columna de nube y se situaba a la entrada de la Tienda, y Él hablaba con Moisés. Todo el pueblo veía la columna de nube situada en la entrada de la Tienda y todo el pueblo se ponía de pie y se postraba, cada uno en la entrada de su tienda» (Éxodo 33:1-10).

Este pasaje bíblico enseña que los Hijos de Israel se descarriaron del camino correcto, y posteriormente se retractaron y enmendaron sus acciones en secreto. Tal como se indica en el versículo, en el cual se manifiesta que ellos se postraban ante la Presencia Divina cada uno en la entrada de su tienda.

Por tal razón El Santo, Bendito Sea, se llenó de misericordia y les otorgó el Día del Perdón para indulgencia y perdón. El mismo les fue concedido a ellos y sus hijos, como así a los hijos de sus hijos, hasta el final de las generaciones (Tana Dbei Eliahu Raba 17:14).

El procedimiento del Día del Perdón es descrito en el Pentateuco. Como está escrito: «El Eterno le dijo a Moisés: Dile a Aarón, tu hermano, que no vendrá en todo momento al Santuario, dentro de la Partición, delante de la Cubierta que hay sobre el Arca, para que no muera; pues en una nube habré de aparecer sobre la Cubierta. Con esto vendrá Aarón al Santuario [...]».

«Tomará los dos machos cabríos y los ubicará ante El Eterno, en la entrada de la Tienda de la Reunión. Aarón echará suertes sobre los dos machos cabríos: una suerte para El Eterno y una suerte para Azazel. Aarón acercará el macho cabrío designado por sorteo para El Eterno y hará con él un sacrificio expiatorio. Y el macho cabrío designado por sorteo para Azazel permanecerá vivo ante El Eterno, para procurar expiación por su intermedio; será enviado para Azazel al desierto. Aarón acercará su propio toro de sacrificio expiatorio y procurará la expiación para sí mismo y para su casa; después degollará ritualmente su propio toro de sacrificio expiatorio» (Levítico 16:1-11).

La razón de los dos machos cabríos

Los dos machos cabríos del Día del Perdón encierran un gran misterio. Pues uno de ellos consiste en el soborno que se entrega al Satán para que permita a los Hijos de Israel ser perdonados de sus faltas. Y el otro está relacionado con el apego de los Hijos de Israel con El Eterno.

Analicemos el asunto meticulosamente: estos machos cabríos están relacionados con los dos cabritos que Jacob preparó para su padre Isaac. Como se enseña en el Midrash: Está escrito: «Y éstas son las crónicas de Isaac, hijo de Abraham. Abraham engendró a Isaac. Isaac tenía cuarenta años cuando tomó por mujer a Rebeca, hija de Betuel el arameo de Padán Aram, hermana de Labán el arameo. Isaac suplicó ante El Eterno frente a su mujer, pues ella era estéril. El Eterno aceptó su plegaria y su mujer Rebeca concibió».

«Los hijos reñían en sus entrañas y ella dijo: De ser así, ¿por qué me sucede esto? Y fue a consultar a El Eterno. Y El Eterno le dijo: Dos pueblos hay en tu vientre; dos naciones de tus entrañas se separarán; el poder pasará de una nación a otra y la mayor servirá a la menor».

«Cuando se cumplieron los días de su preñez, he aquí que había gemelos en su vientre. El primero salió rojo, como un manto peludo; y lo llamaron Esaú. Después salió su hermano, con su mano aferrada al talón de Esaú; y lo llamaron Jacob; Isaac tenía sesenta años cuando ella los dio a luz» (Génesis 26:19-26).

A continuación se manifiesta: Los jóvenes crecieron y Esaú se hizo cazador, hombre de campo; pero Jacob era un hombre íntegro que moraba en tiendas (Ibíd. 26:27).

Rav Aja enseñó: Uno de ellos siguió el camino de la vida, y el otro siguió el camino de la muerte. Jacob siguió el camino de la vida, pues moraba en tiendas y se ocupaba de la Torá todos los días. Esaú, en cambio, siguió el camino de la muerte, pues quería matar a Jacob. Como está dicho: «Esaú pensó para sí mismo: Cuando se acerquen los días de luto por mi padre, entonces mataré a mi hermano Jacob» (Génesis 27:41).

Cuando llegó la noche de Pesaj Isaac, que estaba ciego, llamó a Esaú, su hijo mayor. Le dijo: «Hijo mío: esta noche todo el mundo pronuncia alabanza a El Eterno, y los depósitos de rocío son abiertos en esta noche. Hazme manjares para que te bendiga mientras estoy vivo». En tanto un espíritu de santidad decía: «No comas el pan del mezquino, ni desees sus manjares» (Proverbios 23:6).

Esaú fue para traer lo que su padre le había pedido y se demoró allí. Mientras tanto Rebeca le dijo a Jacob: «Hijo mío, esta noche los depósitos de rocío son abiertos; los de lo Alto pronuncian cántico de alabanza; en esta misma noche en el futuro tus hijos serán liberados de la opresión, en esta misma noche en el futuro pronunciarán cántico de alabanza. Hazle manjares a tu padre para que te bendiga mientras está vivo».

Jacob era experto en la Torá, y temía que su padre le maldijese. Entonces su madre le dijo: «Hijo mío las bendiciones serán sobre ti y sobre tu simiente; y si fueren maldiciones, serán sobre mí y sobre mi alma». Como está dicho: «Mas su madre le dijo: Que tu maldición recaiga sobre mí, hijo mío» (Génesis 27:13).

Entonces Jacob fue y trajo dos cabritos, como le había ordenado su madre: «¡Ve ahora al rebaño y tráeme de allí dos cabritos selectos, y con ellos prepararé manjares para tu padre, como a él le gusta!» (Génesis 27:9).

¡Esto es algo que sorprende! ¿Acaso Isaac comería dos cabritos? ¡Le era suficiente con uno! Pues él era un justo; y está dicho: «El justo come para saciar su alma» (Proverbios 13:25). Siendo así, ¿cómo se explica este asunto?

Sucede que uno correspondía con el sacrificio de Pesaj; y el otro era para preparar manjares y que Isaac los comiese. Como fue estudiado: «El sacrificio de Pesaj debe ser comido una vez que el individuo se ha saciado» (Pirkei de Rabí Eliezer cap. 32).

Finalmente Isaac bendijo a Jacob. Como está escrito: «Él dijo: Sírveme y déjame que coma de lo que ha cazado mi hijo, para que mi alma te bendiga. Entonces le sirvió y él comió, y le trajo vino y bebió. Y su padre Isaac le dijo: Acércate, por favor, y bésame, hijo mío. Él se acercó y lo besó; olió el aroma de su ropa y lo bendijo. Dijo: Mira, el aroma de mi hijo es como el aroma de un campo bendecido por El Eterno. Y que Dios te dé del rocío de los Cielos y de lo selecto de la tierra, y granos y vino en abundancia. Los pueblos te servirán, y los gobiernos se postrarán ante ti; serás amo de tus hermanos y los hijos de tu madre se postrarán ante ti; malditos sean los que te maldijeren, y benditos sean los que te bendijeren» (Génesis 27:25-29).

Estos manjares representaban el placer material. Se trataba de la parte que le otorgaba al Satán, a modo de soborno. Era para que Jacob recibiere las bendiciones por su porción, es decir, por el otro flanco, el del cabrito que preparó como ofrenda de Pesaj para El Eterno. Pues cuando sucedió esto era el primer día de Pesaj. Y así acontece en todas las generaciones. Mediante estos dos machos cabríos del Día del Perdón se le otorga al Satán su porción, un chivo a modo de soborno; para que Jacob, que es Israel, reciba su porción, la que corresponde con la suerte «para El Eterno» (Kli Yakar Levítico 16:8).

El mal convertido en bien

De este modo, el Satán se contenta con su porción recibida y se convierte en defensor de Israel en vez de acusador.

En el Midrash se describe cómo se logró este extraño suceso: El día de la entrega de la Torá, el Satán, que se llama Samael, dijo ante el Santo, Bendito Sea: «Amo del mundo, me has concedido permiso sobre todos los pueblos, pero sobre Israel no me has concedido permiso».

El Santo, Bendito Sea, le dijo: «Tienes permiso sobre ellos en el Día del Perdón, en el caso en que hubiere en ellos pecado; mas si no hubiere en ellos pecado, careces de permiso sobre ellos».

Por eso se le otorga soborno en el Día del Perdón, para que no se anule el sacrificio de Israel. Como está dicho: «Aarón echará suertes sobre los dos machos cabríos: una suerte para El Eterno y una suerte para Azazel (Levítico 16:8).

La suerte para El Eterno será una ofrenda ígnea, y la suerte para Azazel, sacrificio expiatorio. Y todos los pecados de Israel estarán sobre él. Como está dicho: «El macho cabrío cargará sobre sí todas sus iniquidades hacia una tierra no habitada» (Levítico 16:22).

El Satán observará que no hay pecado en los Hijos de Israel el Día del Perdón y dirá ante el Santo, Bendito Sea: «Amo del mundo, posees un pueblo en la Tierra que sus miembros son como los ángeles celestiales. Así como los ángeles celestiales no comen ni beben, lo mismo acontece con Israel, ellos no comen ni beben en el Día del Perdón. Así como los ángeles celestiales están limpios de todo pecado, lo mismo acontece con Israel, ellos están limpios de todo pecado en el Día del Perdón. Así como entre los ángeles celestiales reina la paz, lo mismo acontece con Israel, reina entre ellos la paz en el Día del Perdón». Y el Santo, Bendito Sea, escucha el testimonio del acérrimo acusador de Israel, que ahora los defiende. Entonces expía sobre el Altar, sobre los sacerdotes, y sobre todo el pueblo, desde el grande hasta el pequeño. Como está dicho: Traerá la expiación sobre el Santo de Santos, y traerá la expiación sobre la Tienda de la Reunión y el Altar; y sobre los sacerdotes y sobre todo el pueblo de la congregación traerá la expiación (Levítico 16:33) (Pirkei de Rabí Eliezer cap. 46).

La conversión del malvado

Este cambio rotundo del Satán se encuentra aludido en el versículo que expresa: «Y el macho cabrío designado por sorteo para Azazel permanecerá vivo ante El Eterno, para procurar expiación por su intermedio para enviarlo a Azazel en el desierto» (Levítico 16:10).

Observando esta declaración surge la pregunta: si no hay un precepto de degollarlo, seguramente permanecerá vivo. ¿Qué enseña esta aparente redundancia?

Para hallar la respuesta consideremos que este macho cabrío es el que se entrega al Satán, llamado Samael, como soborno. A través de ello abandona su posición de acusador y se convierte en defensor de Israel.

Observemos las letras de su nombre:

סמאל

Apreciamos que las dos últimas letras de su nombre son: *alef* y *lamed*. O sea, las mismas que indican uno de los nombres de Dios: «Él».

אל

Estas letras representan la vitalidad del Satán. Es una irradiación de luminosidad proveniente de la santidad, y a través de las mismas no acusa. Sólo lo hace merced a la fuerza obtenida de las otras dos letras que integran su nombre: *samej* y *mem*.

סמ

Pero en el Día del Perdón, por causa del macho cabrío que se le otorga a modo de soborno, invierte su posición de acusador, pasándose al otro flanco, defendiendo y aportando testimonios beneficiosos para Israel. Y este proceso se encuentra aludido en estas dos letras de su nombre transformadas de acuerdo con el sistema de intercambio de letras en orden inverso denominado *At-bash*.

Veamos lo que acontece con estas dos letras del nombre del Satán:

Samej en el sistema de *At-bash* se intercambia por *jet*.

ס = ח

Mem en el sistema de *At-bash* se intercambia por *iud*.

Resulta que la parte negativa de su nombre se torna positiva, ya que se transforma en *jai,* que significa «vida».

ס ← ח
מ ← י

Esto es a lo que se refiere la expresión: «permanecerá vivo» que aparentemente sobraba en el versículo. Y convertidas estas dos letras en positivas, se suman a las dos primeras letras de su nombre, las cuales provenían de la santidad. Resulta que también él se sumará al testimonio de gracia ante Dios, que es denominado: El Jai, que significa Dios vivo (Bnei Isajar Tishrei, maamar 6).

Multiplicación en *At–bash*

Existe una aplicación del sistema *At-bash* consistente en multiplicar la letra original por su reemplazo. Es decir, la letra *alef,* en el sistema *At-bash* se intercambia por *tav,* por lo tanto, según esta aplicación del sistema, han de multiplicarse ambos valores.

$$
\begin{aligned}
1 &= א \\
400 &= ת \\
1 \times 400 &= 400
\end{aligned}
$$

Este mismo proceso se realiza con todas las demás letras:

La letra *bet,* en el sistema *At-bash* se intercambia por *shin,* por lo tanto, los valores de ambas letras se multiplican.

$$
\begin{aligned}
2 &= ב \\
300 &= ש \\
2 \times 300 &= 600
\end{aligned}
$$

La letra *guimel,* en el sistema *At-bash* se intercambia por *reish,* por lo tanto, los valores de ambas letras se multiplican.

$$3 = \gimel$$
$$200 = \resh$$
$$3 \times 200 = 600$$

La letra *dalet,* en el sistema *At-bash* se intercambia por *kuf,* por lo tanto, los valores de ambas letras se multiplican.

$$4 = \daleth$$
$$100 = \qoph$$
$$4 \times 100 = 400$$

La letra *he,* en el sistema *At-bash* se intercambia por *tzadi,* por lo tanto, los valores de ambas letras se multiplican.

$$5 = \he$$
$$90 = \tsadi$$
$$5 \times 90 = 450$$

La letra *vav,* en el sistema *At-bash* se intercambia por *pe,* por lo tanto, los valores de ambas letras se multiplican.

$$6 = \vav$$
$$80 = \pe$$
$$6 \times 80 = 480$$

La letra *zain,* en el sistema *At-bash* se intercambia por *ain,* por lo tanto, los valores de ambas letras se multiplican.

$$7 = \zayin$$
$$70 = \ayin$$
$$7 \times 70 = 490$$

La letra *jet,* en el sistema *At-bash* se intercambia por *samej,* por lo tanto, los valores de ambas letras se multiplican.

$$8 = ח$$
$$60 = ס$$
$$8 \times 60 = 480$$

La letra *tet,* en el sistema *At-bash* se intercambia por *nun,* por lo tanto, los valores de ambas letras se multiplican.

$$9 = ט$$
$$50 = נ$$
$$9 \times 50 = 450$$

La letra *iud,* en el sistema *At-bash* se intercambia por *mem,* por lo tanto, los valores de ambas letras se multiplican.

$$10 = י$$
$$40 = מ$$
$$10 \times 40 = 400$$

La letra *kaf,* en el sistema *At-bash* se intercambia por *lamed,* por lo tanto, los valores de ambas letras se multiplican.

$$20 = כ$$
$$30 = ל$$
$$20 \times 30 = 600$$

La letra *lamed,* en el sistema *At-bash* se intercambia por *kaf,* por lo tanto, los valores de ambas letras se multiplican.

30 = ל

20 = כ

30 x 20 = 600

La letra *mem,* en el sistema *At-bash* se intercambia por *iud,* por lo tanto, los valores de ambas letras se multiplican.

40 = מ

10 = י

40 x 10 = 400

La letra *nun,* en el sistema *At-bash* se intercambia por *tet,* por lo tanto, los valores de ambas letras se multiplican.

50 = נ

9 = ט

50 x 9 = 450

La letra *samej,* en el sistema *At-bash* se intercambia por *jet,* por lo tanto, los valores de ambas letras se multiplican.

60 = ס

8 = ח

60 x 8 = 480

La letra *ain,* en el sistema *At-bash* se intercambia por *zain,* por lo tanto, los valores de ambas letras se multiplican.

70 = ע

7 = ז

70 x 7 = 490

La letra *pe*, en el sistema *At-bash* se intercambia por *vav*, por lo tanto, los valores de ambas letras se multiplican.

$$80 = פ$$
$$6 = ו$$
$$80 \times 6 = 480$$

La letra *tzadi*, en el sistema *At-bash* se intercambia por *he*, por lo tanto, los valores de ambas letras se multiplican.

$$90 = צ$$
$$5 = ה$$
$$90 \times 5 = 450$$

La letra *kuf*, en el sistema *At-bash* se intercambia por *dalet*, por lo tanto, los valores de ambas letras se multiplican.

$$100 = ק$$
$$4 = ד$$
$$100 \times 4 = 400$$

La letra *reish*, en el sistema *At-bash* se intercambia por *guimel*, por lo tanto, los valores de ambas letras se multiplican.

$$200 = ר$$
$$3 = ג$$
$$200 \times 3 = 600$$

La letra *shin*, en el sistema *At-bash* se intercambia por *bet*, por lo tanto, los valores de ambas letras se multiplican.

300 = ש

2 = ב

300 x 2 = 600

La letra *tav*, en el sistema *At-bash* se intercambia por *alef*, por lo tanto, los valores de ambas letras se multiplican.

400 = ת

1 = א

400 x 1 = 400

Ésta es la tabla completa de *At-bash* multiplicando los valores de las letras que se intercambian entre sí:

400 =	1 x 400	ת	←	א
600 =	2 x 300	ש	←	ב
600 =	3 x 200	ר	←	ג
400 =	4 x 100	ק	←	ד
450 =	5 x 90	צ	←	ה
480 =	6 x 80	פ	←	ו
490 =	7 x 70	ע	←	ז
480 =	8 x 60	ס	←	ח
450 =	5 x 90	נ	←	ט
400 =	10 x 40	מ	←	י
600 =	20 x 30	ל	←	כ
600 =	30 x 20	כ	←	ל
400 =	40 x 10	י	←	מ
450 =	50 x 9	ט	←	נ

LAS CLAVES DE LA NUMEROLOGÍA CABALÍSTICA

480 =	60 x 8	ח	←	ס
490 =	70 x 7	ז	←	ע
480 =	80 x 6	ו	←	פ
450 =	90 x 5	ה	←	צ
400 =	100 x 4	ד	←	ק
600 =	200 x 3	ג	←	ר
600 =	300 x 2	ב	←	ש
400 =	400 x 1	א	←	ת

APLICACIÓN DE MULTIPLICACIÓN EN *AT-BASH*

A continuación, veremos un ejemplo en el que se aplica el sistema de multiplicación de las letras a través de este método. El tema que desarrollaremos está asociado al fundamento de los meses hebreos enraizado en la Torá. Por lo tanto, explicaremos lo concerniente a la esencia de los meses, y también observaremos detalles relevantes de la elaboración del plano que origina la estructura de los mismos, la Torá.

Comenzaremos esta elucidación con el fundamento básico y estructural de los meses: el cálculo de los meses según el calendario hebreo se realiza de acuerdo al tiempo de rotación de la Luna alrededor de la Tierra, pues el orden de nuestro calendario fue estructurado basándose en los meses lunares.

La Luna, en su trayecto que recorre a través del espacio celeste, se ve como que se renovara de tanto en tanto. El período de tiempo que transcurre desde una renovación a otra se denomina *jodesh,* que significa renovación.

Ahora bien, la Luna no posee luz propia, sino que recibe la irradiación de los rayos solares. Por esta razón, solamente la parte de la Luna que orientare hacia el Sol alumbrará en ese momento, y lo hará de acuerdo a la posición en que se encontrare frente al Sol.

Esta razón ocasiona que cada mes, hasta el día quince del mismo, la luminosidad de la Luna va en aumento. Se debe a que la faz de la Luna está orientada hacia el Sol en ese período. Mas desde la mitad del mes en adelante, orienta hacia nosotros la parte oscura de la Luna, la cual no recibe la luz del Sol. Por lo tanto, en ese período la luminosidad de la Luna comienza a disminuir, hasta que en la finalización del mes, orienta hacia nosotros únicamente el lado oscuro de la Luna, y por eso no puede ser avistada. Ya que se halla en línea recta entre la Tierra y el Sol.

Ahora bien, cuando la Luna comienza a recorrer nuevamente su trayecto, se aprecia sobre ella una delgada línea de luz. A este instante se lo denomina: «el nacimiento de la Luna».

El período que transcurre entre novilunio y novilunio, o sea, el mes lunar, posee una duración de veintinueve días y doce horas más setecientos noventa y tres fracciones de hora. Esto equivale a decir 793/1.080 de hora (Mishná, tratado de Rosh Hashaná; Rabí Pinjas Kehati; Talmud, tratado de Rosh Hashaná 16b; mefarshim).

La clave del tiempo

Respecto al valor 1.080 en el que se dividen las horas, es un dato que se ha recibido por tradición. Aunque este valor se obtiene también a partir de un cálculo numérico que se realiza para enseñar la importancia que posee cada instante. Ya que cada fracción de tiempo que se dispusiere ha de ser dedicado al estudio de la Torá, la herramienta con la que El Santo, Bendito Sea, creó el mundo, y la fuente de la vida. Como está escrito: «Nunca se apartará de tu boca este libro de la Torá, sino que de día y de noche meditarás en él, para que guardes y hagas conforme a todo lo que en él está escrito; para que prosperes en tu camino y actúes con sensatez» (Josué 1:8).

En el Midrash se enseña este principio a partir del versículo que declara: «Yo –la Torá– era la herramienta –*amón*– que estaba junto a Él, y era su regodeo día a día, jugaba junto a Él en todo momento» (Proverbios 8:30).

La palabra *amón* puede ser leída también *umán*, que significa artista. Significa que esta cita manifiesta la declaración de la Torá, quien dice: «Yo fui la herramienta de arte de El Santo, Bendito Sea».

Ahora bien, en el mundo terrenal, cuando un rey construye un palacio, no lo edifica mediante su propia idea y planificación, sino acorde a la idea y planificación de un artista –arquitecto–, quien reunirá todos los elementos necesarios para elaborar los planos, y sobre la base de los mismos se llevará a cabo la edificación. Así procedió El Santo, Bendito Sea; Él contemplaba la Torá y creaba el mundo.

Obsérvese que en el inicio de la Torá está escrito: En el comienzo –*bereshit*– creó Dios (Génesis 1:1). La expresión *bereshit* se refiere a la Torá. Es un acrónimo formado por las palabras *be reshit*, donde *be* significa: «a través de», y *reshit* alude a la Torá. Como está dicho: «El Eterno me creó en el principio –*reshit*– de Su camino» (Proverbios 8: 22) (Midrash Rabá 1:1).

Se aprecia que la Torá es la herramienta con la que El Santo, Bendito Sea, creó el mundo. Y en el Midrash se amplía este tema citándose el versículo que declara: «El Eterno fundamentó al mundo con sabiduría» (Proverbios 3:19).

Se refiere a la sabiduría de la Torá. Como está escrito: «Pues es vuestra sabiduría –*jojmá*– y vuestro entendimiento» (Deuteronomio 4:6). Se aprende que El Santo, Bendito Sea, creó el mundo a través de la Torá.

Este dato puede apreciarse analizando la palabra *jojmá*. Pues en hebreo esta expresión se escribe así:

חכמה

Y las letras completas de esta palabra se escriben así:

ח = חית

כ = כף

מ = מם

ה = הי

Calculemos el valor numérico de las letras completas:

418 = 8 + 10 + 400 ← חית
100 = 20 + 80 ← כף
80 = 40 + 40 ← מם
15 = 10 + 5 ← הי

Sumemos estos valores:

418 + 100 + 80 + 15 = 613

613 son los preceptos que hay en toda la Torá. Y los preceptos consisten en el fundamento de la Torá, que es la herramienta a través de la cual El Santo, Bendito Sea, creó el mundo. A esto se refiere lo que está escrito: «Así ha dicho El Eterno: si no hubiese entablado mi pacto con el día y la noche, no hubiese puesto las leyes de los Cielos y la Tierra» (Jeremías 33:25).

El pacto entablado con el día y la noche se refiere a la Torá. Como está escrito: «Nunca se apartará de tu boca este libro de la Torá, sino que de día y de noche meditarás en él, para que guardes y hagas conforme a todo lo que en él está escrito; para que prosperes en tu camino y actúes con sensatez» (Josué 1:8).

Asimismo está escrito: «La Torá que nos ordenó Moisés es el legado de la Congregación de Jacob» (Deuteronomio 33:4).

Este versículo en el original hebreo se escribe así:

תורה צוה לנו משה מורשה קהלת יעקב

Aplicando a estas palabras el sistema de multiplicación en *At-bash*, se podrá apreciar la esencia del día, pues se basa estrictamente en lo que se declara en la Torá, el plano del mundo. Ya que el día es parte de la creación y, como lo hemos señalado, la totalidad de la misma sigue las indicaciones del plano universal, la Torá. A través de este cálculo se podrán apreciar todos los momentos que hay en el día, para saber cómo aprovecharlos apropiadamente.

Por cuanto que se trata de varias palabras, procesaremos a cada una en forma independiente:

Primera palabra

La primera palabra del versículo es Torá. Éste es su valor de acuerdo a la multiplicación en *At-bash:*

400 =	400 x 1	א	←	ת
480 =	6 + 80	פ	←	ו
600 =	200 + 3	ג	←	ר
450 =	5 + 90	צ	←	ה

Sumemos estos valores:

400 + 480 + 600 + 450 = 1.930

Resulta que el valor de «Torá» de acuerdo con la multiplicación en *At-bash* es 1.930.

Segunda palabra

La segunda palabra del versículo es *tzivá*. Éste es su valor de acuerdo a la multiplicación en *At-bash:*

$$450 = 5 \times 90 \quad ה \leftarrow צ$$
$$480 = 80 \times 6 \quad פ \leftarrow ו$$
$$450 = 90 \times 5 \quad צ \leftarrow ה$$

Sumemos estos valores: $450 + 480 + 450 = 1.380$

Resulta que el valor de *tzivá* de acuerdo con la multiplicación en *At-bash* es 1.380.

Tercera palabra

La tercera palabra del versículo es *lanu*. Éste es su valor de acuerdo a la multiplicación en *At-bash:*

$$600 = 20 \times 30 \quad כ \leftarrow ל$$
$$450 = 9 \times 50 \quad ט \leftarrow נ$$
$$480 = 80 \times 6 \quad פ \leftarrow ו$$

Sumemos estos valores:

$600 + 450 + 480 = 1.530$

Resulta que el valor de *lanu* de acuerdo con la multiplicación en *At-bash* es 1.530.

Cuarta palabra

La cuarta palabra del versículo es Moshé –Moisés–. Éste es su valor de acuerdo a la multiplicación en *At-bash:*

$$400 = 40 \times 10 \quad ' \leftarrow מ$$
$$600 = 2 \times 300 \quad ב \leftarrow ש$$
$$450 = 5 \times 90 \quad צ \leftarrow ה$$

Sumemos estos valores:

400 + 600 + 450 = 1.450

El valor de Moisés de acuerdo con la multiplicación en *At-bash* es 1.450.

Quinta palabra

La quinta palabra del versículo es *morashá*. Éste es su valor de acuerdo a la multiplicación en *At-bash:*

$$400 = 40 \times 10 \quad ' \leftarrow מ$$
$$480 = 6 \times 80 \quad פ \leftarrow ו$$
$$600 = 200 \times 3 \quad ג \leftarrow ר$$
$$600 = 300 \times 2 \quad ב \leftarrow ש$$
$$450 = 5 \times 90 \quad צ \leftarrow ה$$

Sumemos estos valores:
400 + 480 + 600+ 600 + 450 = 2.530

El valor de *morashá* de acuerdo con la multiplicación en *At-bash* es 2.530.

Sexta palabra

La sexta palabra del versículo es *kehilat*. Éste es su valor de acuerdo a la multiplicación en *At-bash:*

400	=	4 x 100	ד ← ק
450	=	5 x 90	צ ← ה
400	=	40 x 10	מ ← י
600	=	30 x 20	כ ← ל
400	=	400 x 1	א ← ת

Sumemos estos valores:

400 + 450 + 400 + 600 + 400 = 2.250

El valor de *kehilat* de acuerdo con la multiplicación en *At-bash* es 1.850.

Séptima palabra

La séptima palabra del versículo es Iaakov –Jacob–. Éste es su valor de acuerdo a la multiplicación en *At-bash:*

| 400 | = | 10 x 40 | מ ← י |
| 490 | = | 70 x 7 | ז ← ע |

400 = 100 x 4   ר ← ק
600 = 2 x 300   שׁ ← ב

Sumemos estos valores:

400 + 490 + 400+ 600 = 1.890

El valor de Iaakov de acuerdo con la multiplicación en *At-bash* es 1.890.

Subtotal

1.930	= Torá
1.380	= *tzivá*
1.530	= *lanu*
1.450	= Moisés
2.530	= *morashá*
2.250	= *khilat*
1.890	= Jacob
12.960	

Resulta que el versículo: «La Torá que nos ordenó Moisés es el legado de la Congregación de Jacob», aplicándole el sistema de multiplicación en *At-bash*, su valor numérico es 12.960.

Ahora bien, ha de considerarse que el día hebreo se mide desde la salida del Sol hasta su puesta, y ese tiempo se divide en 12 horas temporales. Y lo mismo acontece con la noche, se mide desde la puesta del Sol hasta que salga nuevamente, y ese tiempo se divide en 12 horas temporales. O sea, tanto el día como la noche tienen siempre 12 horas temporales.

Si dividimos este valor obtenido, 12.960 por 12, obtendremos el tiempo temporal de cada hora.

$$12.960/12 = 1.080$$

Resulta que en el versículo que expresa que la Torá es el legado de la Congregación de Jacob se especifica la duración de cada hora. Así, el tiempo puede ser valorado apropiadamente y aprovechado como es debido en el estudio de la Torá. Como está escrito: «Nunca se apartará de tu boca este libro de la Torá, sino que de día y de noche meditarás en él» (Raziel Hamalaj, pág. 31).

XI
INTERCAMBIO DE LETRAS SEGÚN SU ORIGEN VOCAL

Hay letras que se originan en un mismo sector de la boca y se intercambian entre sí. Este fenómeno puede apreciarse con suma facilidad. Por ejemplo, alguien nativo de China, es común que diga *aloz* en lugar de arroz. Resulta que la letra «r» y la letra «l» se originan en una misma zona de la boca y se intercambian entre sí. Asimismo, en algunos países de Sudamérica, se intercambia la letra «ll» por «y»; es decir, en vez de decir llave, dicen *yave*. Así podemos encontrar varios ejemplos de similares características.

El origen de este sistema y los grupos de letras que se asocian se describe en forma completa en el antiquísimo libro titulado Sefer Ietzirá.

Letras postalveolares

La primera zona se encuentra en lo más profundo de la boca, donde comienza la garganta. Las letras que allí se originan son postalveolares –*groniot*–. Éstas son las letras que se originan en este lugar: *alef, he, jet, ain.*

ע ח ה א

Letras labiales

La segunda zona se halla donde se ubican los labios. Las letras que allí se originan son labiales. Éstas son las letras que se originan en ese lugar: *bet, vav, mem, pe*.

ב – ו – מ – פ

Letras velares

La tercera zona se halla en un tercio de la lengua. Las letras que allí se originan son velares. Éstas son las letras que se originan en el mismo: *guimel, iud, kaf, kuf*.

ג – י – כ – ק

Letras dentales

La cuarta zona se encuentra en el comienzo de la lengua. Las letras que allí se originan son dentales. Éstas son las letras que se originan en el mismo: *dalet, tet, lamed, nun, tav*.

ד – ט – ל – נ – ת

Letras alveolares

La quinta zona se ubica entre los dientes y la lengua. Las letras que allí se originan son alveolares. Éstas son las letras que se originan en el mismo: *zain, samej, shin, reish, tzadi*.

ז – ס – ש–ר – צ

(Sefer Ietzirá cap. 2, Mishná 3).

Las propiedades del habla

Veamos un ejemplo de aplicación de este sistema: En el libro de Levítico está escrito: «No difames –*rajil*– en tu pueblo; no os quedaréis de pie, sin intervenir, mientras se derrama la sangre de vuestro prójimo, Yo soy El Eterno» (Levítico 19:16). La expresión *rajil* fue traducida de acuerdo con la explicación del exegeta Rashi, quien dedujo: *rajil* puede leerse *raguil*, que significa «espiar» y «frecuentar».

רגיל ← רכיל

Es decir, la segunda letra de la palabra *rajil*, que es la letra *kaf* se intercambia por *guimel*.

ג ← כ

Pues todos los incitadores de riñas y pleitos, y los difamadores, van con frecuencia a las casas de sus compañeros para espiar –*leraguel*–, y ver algo que no esté bien, u oír algo malo, para después contarlo en la feria. Y a ellos se los denomina: *holjei raguil* (*véase* Jeremías 6:28). Resulta que a través de este intercambio de letras se aprende el sentido de la palabra *rajil*, que tiene que ver con *raguil* y significa espiar y frecuentar.

XII
SISTEMA DE INTERCAMBIO *AL-BAM*

El sistema denominado *Al-bam* es explicado en el Talmud. En el tratado de Shabat 104a, se detalla todo el proceso, indicándose que se debe comenzar por la combinación *alef-lamed*.

A partir de esta combinación y siguiendo el orden de las letras del alfabeto hebreo, se podrán obtener todas las combinaciones posibles a través de este sistema. Es decir, en primer lugar la letra *alef* se intercambia por la letra *lamed*, tal se indica en la sigla *Al*.

ל ← א

Para formar la segunda combinación buscamos la letra que se encuentra a continuación de la letra *alef* en el alfabeto; hallamos la letra *bet*. Ahora debemos buscar la letra que se encuentra a continuación de *lamed;* y hallamos la letra *mem*. Resulta, por lo tanto, que la letra *bet* se intercambia por la letra *mem*, tal está indicado en la sigla *bam*.

מ ← ב

Siguiendo este mismo orden y respetando las bases del sistema, se podrán deducir todas las demás combinaciones posibles.

Ésta es la tabla completa de intercambio de letras *Al-bam:*

א ← ל
ב ← מ
ג ← נ
ד ← ס
ה ← ע
ו ← פ
ז ← צ
ח ← ק
ט ← ר
י ← ש
כ ← ת

Una disertación a través del sistema Al-bam

En el libro *Midrash Ialkut Reuvení* se menciona una interesante disertación relacionada con este sistema. La misma contiene valiosas enseñanzas que son matizadas con acrónimos y acrósticos.

Está escrito: «Andaré entre vosotros, seré Dios para vosotros y seréis un pueblo para Mí» (Levítico 26:12). Esta declaración se puede explicar a través del sistema *Al-bam*.

Al-bam es el acróstico de *libam,* que significa «el corazón de ellos».

אל – בם ← לבם

Se aprende de aquí que el ministro espiritual del Infierno —Gueinom— se puso de pie ante El Santo, Bendito Sea, y le dijo: «¡Amo del mundo: me has entregado a todos los perversos para que mi fuego los consuma, menos a este pueblo —los hebreos—! ¿Por qué no me los entregas para que mi fuego los consuma como a todos los idólatras?»

El Santo, Bendito Sea, le respondió: «Todos los perversos se encuentran a tu disposición; ellos están incluidos en el registro que posees para que hagas con ellos acorde a lo que ellos hicieron, y para que los juzgues dentro del Infierno. Mas este pueblo, Israel, sus miembros no se encuentran en tu registro y tú no has de ocuparte de ellos».

El ministro espiritual del Infierno le preguntó a El Santo, Bendito Sea: «¿Por qué?».

El Santo, Bendito Sea, le respondió: «Porque ellos se ocupan de la Torá y los preceptos, y los cumplen; y Mi amor por ellos está en Mi corazón por siempre. Como se declara: El Eterno se manifestó a mí desde antaño, diciendo: Con amor eterno te he amado (Jeremías 31:2). Por eso no pasarán por el interior del Infierno, porque Yo estoy con ellos».

Asimismo *Al-bam* indica: *El bam,* que se escribe mediante las mismas letras, y significa: «Dios está con ellos».

אל – בם   אל – בם

El bam   *Al-bam*

Porque Dios está con ellos para protegerlos. Como está escrito: «Cuando pases por las aguas, Yo estaré contigo; y si fuere por los ríos, no te anegarán; cuando pasares por el fuego, no te quemarás, ni la llama arderá en ti» (Isaías 43:2). Y no sólo eso, sino que Mi Presencia Divina mora entre ellos. Como está escrito: «Andaré entre vosotros, seré Dios para vosotros y seréis un pueblo para Mí» (Levítico 26:12). Por eso fue dicho: *El bam* (Ialkut Shimoní Bejukotai).

En el libro Otiot de Rabí Akiva se prosigue con la disertación.

Un jardín de mirto

Las siguientes combinaciones que hallamos en el alfabeto hebreo aplicando el sistema *Al-bam,* son éstas:

נ ← ג

ר ← ס

De esta combinación se aprende que el ministro espiritual del Infierno le dijo a El Santo, Bendito Sea: «¡Amo del mundo: si es así, ellos ¿dónde moran cuando se ameritan vivir en el Mundo Venidero?».

El Santo, Bendito Sea, le respondió: En el Jardín del Edén de mirto, cuya fragancia se propaga de un extremo al otro del mundo. Como está dicho: «No edificarán para que otro habite, ni plantarán para que otro coma; porque como los días del árbol –*haetz*– serán los días de Mi pueblo, y mis escogidos sucederán a la obra de sus manos –lo que hicieren envejecerá y ellos se mantendrán saludables, fuertes y vigorosos» (Isaías 65:22).

La letra *he,* que antecede a la palabra *etz* –árbol–, indica algo adicional y especial. Se refiere al árbol de mirto, cuya fragancia se propaga de un extremo al otro del mundo.

Esto que hemos dicho está indicado en la combinación de letras *gan-das,* que es la combinación que sigue a *Al-bam.*

Gan significa: Jardín

ג – ן

jardín

Das es el acrónimo de *hadás,* que significa mirto.

דס ← הדס

mirto

El misterio del vuelo del ave

A continuación hallamos estas combinaciones:

ע ← ה

פ ← ו

Se aprende de aquí que el ministro espiritual del Infierno le dijo a El Santo, Bendito Sea: «¡Amo del mundo: ¿Es Tu voluntad revelarme el honor y la gloria que les concederás en el Jardín del Edén en el Mundo Venidero?».

El Santo, Bendito Sea, le respondió: «¡No!». Como está dicho: «Por tanto, así dijo el Señor, Dios: He aquí que mis siervos comerán, y vosotros tendréis hambre; he aquí que mis siervos beberán, y vosotros tendréis sed; he aquí que mis siervos se alegrarán, y vosotros seréis avergonzados» (Isaías 65:13).

Esto está indicado en las combinaciones de letras *he–ain; vav-pe,* las cuales forman la palabra *haof,* que significa: «el ave».

הע ופ ← העוף

el ave

Se aprende que así como el ave vuela por los aires del mundo y no tiene permiso para entrar en los atrios de los reyes ni los ministros, para sentarse en los aposentos con ellos, sobre un trono de honor, del mismo modo tú no tienes permiso sobre ellos ni tienes por qué ocuparte de ver el bien de los justos. Como dijo David en el libro de los Salmos: «Porque Tú no eres un Dios que se complace en la maldad; el mal no habitará junto a Ti» (Salmos 5:5). ¿Qué significa: «el mal no habitará junto a Ti»? Enseña que así dijo David ante El Santo, Bendito Sea: «¡Amo del universo! ¡Que en tu morada no habite el mal!». Y el mal se refiere al Satán, como está dicho: «El Eterno aspiró la deleitable fragancia, y El Eterno dijo en Su corazón: ya no volveré a maldecir a la tierra por culpa del hombre, pues los pensamientos del corazón del hombre son malos desde su juventud; ni tampoco volveré a golpear a todos los seres vivos, tal como he hecho» (Génesis 8:21). Y así como la inclinación al mal no habita en la morada de El Santo, Bendito Sea, del mismo modo acontecerá con Israel en el futuro, no habrá en sus moradas acusador –Satán–, ni ángel de la muerte, ni inclinación hacia el mal. ¿Y cuándo será eso? En el Mundo Venidero. Como está dicho: «Y Mi pueblo habitará en morada de paz, en habitaciones seguras, y en lugares de reposo» (Isaías 32:18). Es decir, ellos habitarán: «en habitaciones seguras», sin que hubiere acusador –Satán–; «y en lugares de reposo», sin que hubiere ángel de la muerte ni inclinación al mal –ietzer hará–. Como está dicho: «Destruirá a la muerte para siempre» (Isaías 25:8).

El hambre de un insaciable

A continuación hallamos estas combinaciones:

ז ← צ

ח ← ק

Se aprende de aquí que el ministro espiritual del Infierno le dijo a El Santo, Bendito Sea: «¡Amo del mundo: ¿Por qué no me das ningún permiso para contemplarlos con mis propios ojos, y probar aunque fuere en forma mínima el sabor de sus alimentos, y observar el bien y la gloria de ellos?».

El Santo, Bendito Sea, le respondió: «Porque son de la simiente de Isaac, quien ofreció su carne y un cuarto de medida de su sangre sobre el altar, el cual es denominado Isaac». Como está dicho: «Y fue después de estos hechos que Dios puso a prueba a Abraham, y le dijo: ¡Abraham!, y él respondió: ¡Heme aquí! Y Él dijo: Toma por favor a tu hijo, a tu único hijo, a quien amas, a Isaac, y ve a la tierra de Moriá; ofrécelo allí como ofrenda sobre una de las montañas que te diré. Y Abraham se levantó temprano a la mañana y ensilló su asno; llevó con él a sus dos jóvenes y a Isaac, su hijo; partió leña para la ofrenda y se incorporó, y fue al sitio acerca del cual le había hablado Dios».

«Al tercer día, Abraham alzó sus ojos y vio el lugar desde lejos. Y Abraham le dijo a sus jóvenes: Quedaos aquí con el asno, mientras yo y el joven nos encaminaremos hasta allí; nos postraremos y regresaremos a vosotros. Y Abraham tomó la leña para la ofrenda y la colocó sobre Isaac, su hijo. Tomó en su mano el fuego y el cuchillo, y los dos anduvieron juntos. Entonces Isaac le habló a su padre Abraham y dijo: ¡Padre! Y él dijo: ¡Heme aquí, hijo mío! Y él dijo: Aquí están el fuego y la leña, pero ¿dónde está el cordero para la ofrenda? Y Abraham dijo: Dios conseguirá por Sí Mismo el cordero para la ofrenda, hijo mío. Y los dos anduvieron juntos».

«Llegaron al sitio acerca del cual Dios le había hablado; Abraham construyó allí el altar y dispuso la leña; ató a Isaac, su hijo, y lo colocó sobre el altar, encima de la leña» (Génesis 22:1-9).

Se aprecia que Isaac después de enterarse de que él mismo era la ofrenda, siguió con su padre sin objetar nada, con voluntad plena. Y aunque finalmente no fue sacrificado por ordenanza de El Santo, Bendito Sea, como se revela en los versículos siguientes, aun así la ofrenda de Isaac es considerada íntegra. Pues El Santo, Bendito Sea, deseaba su corazón, su voluntad, como manifiesta a continuación: «Abraham extendió su mano y tomó el cuchillo para degollar a su hijo. Y un ángel de El Eterno lo llamó desde los Cielos, y dijo: ¡Abraham! ¡Abraham! Y él dijo: ¡Heme aquí! Y dijo: ¡No extiendas tu mano contra el joven ni le hagas nada, pues ahora sé que eres temeroso de Dios, pues no me has negado a tu hijo, a tu único hijo!» (Génesis 22:10-12).

Esto está indicado en las combinaciones de letras *zain–tzadi; jet-kuf.* Pues constituyen el acrónimo de: *zaró shel* Isaac, que significa: «la simiente de Isaac».

זצ חק ← זרעו של יצחק

La simiente de Isaac

El ministro espiritual del Infierno le dijo a El Santo, Bendito Sea: «¡Amo del mundo: A cada criatura Tú le provees alimento de acuerdo a su necesidad. Como está escrito: "Abres Tu mano, y sacias –a cada criatura– según su voluntad" (Salmos 145:16). Siendo así ¿por qué no me otorgas alimento de acuerdo a mi necesidad? ¡Pues yo estoy hambriento de todo alimento!».

El Santo, Bendito Sea, le respondió: «¡He aquí que ya te he entregado a todos los malvados de la Tierra y todos los pecadores!».

Los moradores del Infierno

A continuación hallamos estas combinaciones:

ר ← ט

ש ← י

ת ← כ

Se aprende de aquí, que El Santo, Bendito Sea, le dijo al ministro espiritual del Infierno: «Poseo numerosos grupos de engañadores, numerosos grupos de ladrones, numerosos grupos de difamadores, y te los entregaré a ti, para que los consuma tu fuego, que es denominado: *trishkat*».

טרישכת

Esta palabra es el acrónimo de *iesh li kat*, que significa: «Yo poseo grupos».

טר יש כת ← יש לי כת

Yo poseo grupos

Ahora bien, ¿de dónde se sabe que el ministro espiritual del Infierno le dice cada día a El Santo, Bendito Sea: «¡Otórgame alimento de acuerdo a mi necesidad!». Como está dicho: «Por eso el Sheol –Infierno– ensanchó su interior y extendió su boca ilimitadamente; y allí descenderá la gloria de ellos, y su multitud, y su fastuosidad, y el que en él se regocijaba» (Isaías 5:14) (Otiot de Rabí Akiva).

La aplicación del sistema Al-bam

A continuación veremos una interesante aplicación del sistema *Albam*. En el Génesis se narra el encuentro de Jacob con Esaú después de muchos años de estar distanciados, en los cuales Esaú le había buscado para matarle. Como está escrito: «Esaú odió a Jacob a causa de la bendición con que lo había bendecido su padre; y Esaú pensó para sí mismo: Cuando se acerquen los días de luto por mi padre, entonces mataré a mi hermano Jacob» (Génesis 27:41).

Mas después de haber estado oculto en casa de Shem y Eber catorce años, y después de estar en casa de Labán durante veinte años, Jacob regresaba y se encontraba con su hermano.

Como está escrito: «Jacob envió mensajeros delante de él a su hermano Esaú, a la tierra de Seir, el campo de Edom. Y les ordenó, diciendo: Así diréis: A mi señor, a Esaú, así dijo tu sirviente Jacob: He habitado junto a Labán y me he demorado hasta ahora. Poseo toro y asno, oveja, sirviente y sirvienta, y envío a decirle esto a mi señor para hallar gracia en tus ojos» (Génesis 32:4-6).

Posteriormente está escrito: «Jacob alzó sus ojos y vio que llegaba Esaú, y con él, cuatrocientos hombres, de modo que dividió a los hijos entre Lea, Raquel, y las dos sirvientas. Dispuso primero a las sirvientas y a sus hijos, detrás a Lea y sus hijos, y por último a Raquel y José. Después él mismo fue adelante de ellos y se postró sobre la tierra siete veces, hasta que llegó a su hermano».

«Esaú corrió hacia él, lo abrazó, cayó sobre su cuello y lo besó; y lloraron. Esaú alzó sus ojos y vio a las mujeres y los niños, y preguntó: ¿Qué son ellos de ti? Y Jacob, respondió: Los hijos que Dios generosamente ha dado a tu sirviente».

«Llegaron las sirvientas, ellas y sus hijos, y se postraron. También llegó Lea con sus hijos y se postraron; y después llegaron José y Raquel y se postraron. Y él preguntó: ¿Qué es para ti todo este campamento que he encontrado? Jacob le dijo: Para hallar gracia en los ojos de mi señor. Dijo Esaú: Mucho poseo, hermano mío, que lo que es tuyo permanezca en tu posesión. Mas Jacob dijo: ¡No! ¡Te lo ruego! Si he hallado gracia en tus ojos, toma de mi mano este tributo, por cuanto he visto tu rostro, que es como ver el rostro de un ser Divino, y tú me has querido. Por favor toma el regalo que te he traído, puesto que Dios ha sido generoso conmigo y puesto que poseo todo. Lo instó y él lo tomó. Esaú, dijo: ¡Viajemos, andemos, y yo iré contigo! Mas Jacob dijo: Mi señor sabe que los niños son delicados, y traigo conmigo crías de ovejas y ganado vacuno; si se los oprimiere un solo día, todos los rebaños morirán. Que mi señor, por favor, vaya delante de su sirviente; yo iré despacio, al ritmo de la labor de transportar la manada, y del ritmo de los niños, hasta que alcance a mi señor en Seir. Dijo Esaú: Déjame asignarte algunas de las personas que están conmigo. Y él dijo: ¿Con qué fin? Tan sólo quiero hallar gracia en los ojos de mi señor. Esaú retomó aquel día su trayecto a Seir. Mas Jacob se dirigió a Sucot y se construyó una casa para él, y para su ganado hizo cabañas —*sucot*—; por eso llamó al lugar Sucot» (Génesis 33:1-16).

Una frase misteriosa

Jacob era un hombre de verdad, como está escrito: Otórgale verdad a Jacob (Miqueas 7:2). ¿Cómo es posible que dijo a su hermano: «Que mi señor, por favor, vaya delante de su sirviente; yo iré despacio, al ritmo de la labor de transportar la manada, y del ritmo de los niños, hasta que alcance a mi señor en Seir»; y en vez de hacer esto Jacob se dirigió a Sucot ¿Por qué no lo alcanzó tal como dijo?

La razón se encuentra indicada en el mensaje que Jacob envió transmitir a Esaú antes de encontrarse. «Así diréis: a mi señor, a Esaú, así dijo tu sirviente Jacob: he habitado junto a Labán y me he demorado hasta ahora».

«He habitado», en el original hebreo está expresado mediante la locución *garti,* que se escribe así:

גרתי

La expresión *garti* posee las mismas letras que *tariag,* la sigla que representa los 613 preceptos que constan en la Torá y deben ser cumplidos por los Hijos de Israel.

תריג

Es decir, Jacob le enviaba decir a Esaú que pese a haber estado en casa de Labán, él había cumplidos los 613 preceptos proscriptos en la Torá de El Eterno.

A través de esta declaración existía la posibilidad de que Esaú dijere: «Si es así, que has cumplido los 613 preceptos proscriptos en la Torá de El Eterno, ¡ven y pelea conmigo!». Pero Jacob fue prudente y agregó: «y me he demorado hasta ahora».

¿Qué significa el énfasis puesto en la expresión «ahora»?

«Ahora», en el original hebreo está escrito así:

עתה

A través de esta declaración Jacob le señalaba la demora de sus descendientes, los años de exilio que el pueblo de Israel debería atravesar. Ya que la letra *ain* se refiere a los setenta años de exilio babilónico; la letra *tav* se refiere a los cuatrocientos años de exilio en Egipto; y la letra *he,* se refiere al quinto milenio, después del cual vendrá el Mesías, en el sexto milenio.

Veámoslo gráficamente:

70 años de exilio babilónico   70   ←   ע

400 años de exilio en Egipto   400   ←   ת

quinto milenio   5   ←   ה

Después del quinto milenio vendrá el sexto milenio, que corresponde con la era mesiánica. Como está escrito: «Y subirán salvadores al monte de Tzión para juzgar al monte de Esaú; y el reino será de El Eterno» (Abdías 1:21) (Baal Haturim Génesis 32:5).

La revelación de Elías

Es decir, Jacob le comunicaba a Esaú que se encontrará con él después que vinieren los salvadores, es decir, el Mesías y sus ministros, entre los cuales estará Elías, quién le precederá y anunciará su venida. Como está escrito: He aquí, Yo os envío al profeta Elías, antes que venga el día de El Eterno, grande y temible (Malaquías 3:23).

El nombre de Elías en el original hebreo está escrito así:

אליה

Este suceso que ha de acontecer está indicado en forma de acróstico en las letras finales de las palabras que Jacob dijo a Esaú al despedirse. Como está escrito: «Que mi señor, por favor, vaya delante de su sirviente; yo iré despacio, al ritmo de la labor de transportar la manada, y del ritmo de los niños, hasta que alcance a mi señor en Seir» (Génesis 33:14).

La frase «alcance a mi señor en Seir», en el original hebreo está escrita así:

אבא אל אדני שעירה

Observemos el acróstico que se forma con las últimas letras de estas palabras:

אבא ← א
אל ← ל
אדני ← י
שעירה ← ה

Surge claramente el nombre de Elías:

אליה

Se aprecia que Jacob le comunicó a Esaú acerca de la venida de Elías, y el Mesías; y que se encontraría con él después de que sobreviniere la redención final (Sefer Guematriot de Rabí Iehuda Hajasid; Rokeaj).

Además, también le indicó que antes de volver a encontrarse tendrían que venir al mundo David, quien edificaría Jerusalén, y Salomón, quien construiría el Templo Sagrado. Y también le señaló que el Templo Sagrado sería destruido el día nueve del mes Av, dos veces. Ya que el primer Templo construido por Salomón, y también el segundo, fueron destruidos en esa fecha. Y después de esto vendrían Elías y el Mesías.

Lo concerniente a David y Salomón Jacob se lo indicó a Esaú al decirle: «Mi señor sabe que los niños son delicados» (Génesis 33:13). Ya que ambos aún no habían nacido, y los dos siendo muy jóvenes salvaron a Israel (Midrash Rabá Bereshit 78:13).

David, como está escrito: «Cuando David y sus hombres vinieron a Tziclag al tercer día, los amaelkitas habían invadido el Neguev y a Tziclag, y habían asolado a Tziclag y le habían prendido fuego. Y se habían llevado cautivas a las mujeres y a todos los que estaban allí, desde el pequeño hasta el mayor; pero no habían matado a nadie, sino que se los habían llevado y siguieron su camino».

«Cuando David vino con sus hombres a la ciudad, he aquí que estaba quemada, y sus mujeres y sus hijos e hijas habían sido llevados cautivos. Entonces David y los del pueblo que estaban con él alzaron su voz y lloraron, hasta que no tuvieron más fuerzas para llorar» (I Samuel 30:1-3).

«Pero David no se quedó a lamentarse, sino que salió con sus hombres tras el enemigo. Y los hirió David desde aquella mañana hasta el atardecer del día siguiente; y no escapó de ellos ningún hombre –de los que iban a pie–, sino cuatrocientos hombres jóvenes que montaron sobre los camellos y huyeron. Y salvó David todo lo que los amalekitas habían tomado, y asimismo salvó David a sus dos mujeres. Y no les faltó nada, ni pequeño ni grande, ningún hijo ni ninguna hija, tanto del botín como de todas las cosas que les habían tomado; todo lo recuperó David» (I Samuel 30:17-19).

El reinado de Salomón cuando era niño

Salomón por su parte, siendo un niño comenzó su reinado sobre Israel y construyó el Templo Sagrado. Como está escrito: «El Eterno se le reveló a Salomón en Guivón en un sueño nocturno, y le dijo Dios: pide lo que quieras que te dé. Y Salomón dijo: Tú has hecho gran misericordia a tu siervo David mi padre, porque él anduvo delante de Ti en verdad, en justicia, y con rectitud de corazón para contigo; y Tú le has reservado esta gran misericordia, otorgándole un hijo que se sentase en su trono, como sucede en este día. Ahora pues, El Eterno Dios mío, tú me has puesto a mí, tu siervo, por rey en lugar de David mi padre; y yo soy un niño, y no sé cómo entrar ni salir. Y tu siervo está en medio de tu pueblo al cual has escogido; un pueblo grande, que no se puede contar ni enumerar por su multitud. Concede, pues, a tu siervo corazón entendido para juzgar a tu pueblo, y para discernir entre lo bueno y lo malo; porque ¿quién podrá gobernar éste tu pueblo tan grande?».

Y pareció bien a El Señor que Salomón pidiese esto. Y le dijo Dios: «Porque has solicitado esto, y no has pedido para ti largura de días, ni has pedido para ti riquezas, ni la vida de tus enemigos, sino que has solicitado para ti inteligencia para comprender juicio; he aquí he hecho conforme a tus palabras; he aquí que te he dado corazón sabio y entendido, tanto que no ha habido antes de ti otro como tú, ni después de ti se levantará otro como tú. Y también te he otorgado lo que no has solicitado, riquezas y gloria, de tal manera que no hubiere entre los reyes ninguno como tú en todos tus días» (I Reyes 3:5-13).

Se aprecia que tanto David como Salomón salvaron a Israel siendo muy jóvenes. Tal como Jacob se lo indicó a Esaú. Como está escrito: «Mi señor sabe que los niños son delicados».

Dos jóvenes ejemplares

Este dato está indicado en esta declaración también en forma de *guematria*.

«Los niños son delicados» en el original hebreo está escrito así:

כי הילדים רכים

Observemos el valor numérico de esta frase:

200 ← ר	5 ← ה	20 ← כ
20 ← כ	10 ← י	10 ← י
10 ← י	30 ← ל	
40 ← ם	4 ← ד	
	10 ← י	
	40 ← ם	
270	99	30

Sumemos estos valores:

270 + 99 + 30 = 399

En tanto los nombres de David y Salomón en hebreo se escriben así:

דויד שלמה

Calculemos el valor numérico:

300	← ש		4	← ד
30	← ל		6	← ו
40	← מ		10	← י
5	← ה		4	← ד
375			24	

Sumemos estos valores:

375 + 24 = 399

Se aprecia que Jacob le indicó a Esaú que antes de volver a encontrarse aún debían nacer David y Salomón, quienes a muy temprana edad salvarían a Israel.

La destrucción del Templo Sagrado

Lo referente a la destrucción del Templo Sagrado, Jacob se lo indicó a Esaú en la misma declaración. Como está escrito: «Si se los oprimiere un solo día, todos los rebaños han de morir».

Enseñó Rabí Huna en el nombre de Rabí Aja: los rebaños es una expresión que se refiere al pueblo de Israel. Como está escrito: «Vosotros sois Mi rebaño» (Ezequiel 34:31). Y si no fuera por la misericordia de El Santo, Bendito Sea, hacia los miembros de Israel, no hubiera quedado remanente de la casa de Jacob. Ya que si se los oprimiere un solo día, tal como los descendientes de Esaú quisieron hacer cuando predominaban en este mundo, hubiesen muerto todos los rebaños.

Mas El Santo, Bendito Sea, los protegió de ellos, tal como aconteció en los días de Adriano, el emperador romano, que era descendiente de Esaú. Él ejerció dominio sobre Israel en los días de la destrucción del Segundo Templo Sagrado, y también posteriormente. Y numerosos miembros de Israel murieron en manos de los batallones de Adriano, y si no hubiera sido por la misericordia de El Santo, Bendito Sea, no hubiera quedado remanente de la casa de Jacob. Mas finalmente Israel prevalecerá sobre su hermano Esaú (Midrash Raba Bereshit 78:13).

La fecha señalada

Esto que Jacob le indicaba a Esaú acerca de la destrucción del Templo Sagrado, y el aniquilamiento masivo de Israel, se encuentra aludido en el valor numérico de la expresión por él emitida.

Observad: «Si se los oprimiere un solo día», en el original hebreo está escrito así:

ודפקום יום אחד

Veamos la correspondencia de las letras que forman las palabras de esta frase de acuerdo con el sistema *Al-bam:*

valor	Al-bam	original
80	←פ	←ו
60	←ס	←ד
6	←ו	←פ
8	←ח	←ק
80	←פ	←ו
2	←ב	←ם
300	←שׁ	←י
80	←פ	←ו
2	←ב	←ם
30	←ל	←א
100	←ק	←ח
60	←ס	←ד
808		

Veamos ahora cómo se escribe en hebreo la fecha de la destrucción del Primer Templo Sagrado y del Segundo Templo Sagrado; ya que ambos fueron destruidos el día 9 del mes hebreo Av. 9 de Av se escribe así:

תשעה לאב

Éste es el valor numérico:

400	←	ת
300	←	ש
70	←	ע
5	←	ה
30	←	ל
1	←	א
2	←	ב
808		

Se aprecia que Jacob le indicó a Esaú también la fecha de la destrucción del Templo Sagrado, hecho que también habría de acontecer antes de que se volviesen a encontrar (Sefer Guematriot de Rabí Iehuda Hajasid Génesis 33:13).

XIII
SISTEMA DE INTERCAMBIO *AJAS-BETA*

El sistema denominado *Ajas-beta* también es explicado en el Talmud. En el tratado de Shabat 104a, se detalla todo el proceso, indicándose que se debe comenzar por la combinación *alef-jet-samej -ajas-*.

A partir de esta combinación y siguiendo el orden de las letras del alfabeto hebreo, se podrán obtener todas las combinaciones posibles a través de este sistema. Es decir, en primer lugar la letra *alef* se combina con la letra *jet*, y con la letra *samej*, tal se indica en la sigla *Ajas*. Estas letras se intercambian entre sí.

ס ← ח ← א

Para formar la segunda combinación buscamos la letra que se encuentra a continuación de la letra *alef* en el alfabeto hebreo; hallamos la letra *bet*. Ahora debemos buscar la letra que se encuentra a continuación de *jet;* y hallamos la letra *tet*. Posteriormente debemos buscar la letra que se encuentra a continuación de *samej;* y hallamos la letra *ain*. Resulta, por lo tanto, que la letra *bet* se asocia a las letras *tet* y *ain*, tal está indicado en la sigla *beta*. Estas letras se intercambian entre sí.

Siguiendo este mismo orden y respetando las bases del sistema, se podrán deducir todas las demás combinaciones posibles.

Aunque debemos aclarar que como el alfabeto hebreo en su forma simple contiene 22 letras, en total se forman 6 grupos de 3 letras, y la última letra queda sin compañeras. Por eso a la letra *tav* se la asocia al último grupo.

Ésta es la tabla completa de intercambio de letras *Ajas-beta:*

ס ← ח ← א
ע ← ט ← ב
פ ← י ← ג
צ ← כ ← ד
ק ← ל ← ה
ר ← מ ← ו
ת ← ש ← נ ← ז

Una disertación a través del sistema *Ajas-beta*

En el libro *Midrash Otiot de Rabí Akiva* se menciona una interesante disertación relacionada con este sistema. En las deducciones se utilizan asimismo acrónimos y acrósticos.

La primera combinación del sistema *Ajas-beta* está formada por las letras:

אחס

Es el acrónimo de *eijos.*

איחוס

Se trata de una expresión que denota piedad y misericordia. Como está escrito: «Entre la entrada y el altar llorarán los sacerdotes servidores de El Eterno, y dirán: Apiádate, El Eterno, de tu pueblo, y no entregues a tu heredad a humillación, para que las naciones ejerzan dominio sobre ella. ¿Por qué han de decir entre los pueblos: Dónde está el Dios de ellos?» (Joel 2:17).

La expresión «apiádate» en el original hebreo está escrita así:

חוסה

Es decir, se utiliza la raíz *jus* que es la misma de *eijos*.

¿Y qué se deduce de *ajas*? Se aprende que El Santo, Bendito Sea, les dijo a los ángeles celestiales: «Yo mismo me apiadaré –*ajus*– de Israel más que de todas las otras naciones del mundo, porque ellos declaran mi reinado en mi mundo dos veces cada día; y expresan la unicidad de mi nombre a la mañana y a la tarde. Como está dicho: «Oye –*shemá*–, Israel: El Eterno es nuestro Dios, El Eterno es Uno». (Deuteronomio 6:4). Pues si el pueblo de Israel no se encontrare en el mundo, no hubiese para Mí declaración de gloria y honor en el mundo. Ya que ellos expresan mi alabanza cada día, como está dicho: «Este pueblo he formado para Mí; Mis alabanzas expresarán» (Isaías 43:21). Y Mi sentido tiene provecho exclusivo de ellos. Como está dicho: «Mi corazón se conmueve dentro de Mí, juntos estimulan mi compasión» (Oseas 11:8).

La idolatría, causa de enfado

La segunda combinación del sistema *Ajas-beta* está formada por las letras:

בטע

Es el acrónimo de *bam taú olam,* que significa: «El mundo se equivocó con ellos».

בם טעו עולם

ב → בם
ט → טעו
ע → עולם

Pues los pueblos idólatras que hay en el mundo, cuando cada día ven el Sol, la Luna, las estrellas y las constelaciones, se quitan las coronas de sobre sus cabezas, y todos los reyes y los ministros de esos pueblos se arrodillan y se postran al ejército de los Cielos. Y El Santo, Bendito Sea, inmediatamente se enfurece con ellos. Como está dicho: «Y Dios enfurece cada día» (Salmos 7:12).

El Santo, Bendito Sea, les dijo a los ángeles dañinos: «Yo les he dado a ellos espíritu y alma, reinado y honor, grandeza y potestad, y ellos se prosternan al Sol y a la Luna que he creado con la irradiación de mi rostro». En ese momento se estremecen la órbita del Sol, el circuito de la Luna, y los órdenes de las constelaciones de estrellas, y todos los órdenes de la creación. E inmediatamente Af y Jemá, los dos ángeles dañinos dotados de poder sobre la furia y la ira, desenvainan la espada de ellos, la empuñan y salen de delante de El Santo, Bendito Sea, con furor a destruir el mundo por las acciones de los pueblos idólatras que irritan con sus hechos. Y si no fuera porque salen los estudiosos de la Torá, y los niños que estudian con sus maestros, y pronuncian las palabras de la Torá y la Mishná, y los miembros de Israel, que recitan el Shemá Israel y reciben el yugo Divino sobre ellos por la mañana y por la tarde, ellos destruirían el mundo. Tal como está dicho: «El Eterno reina; temblarán los pueblos» (Salmos 99:1).

La profundización en el estudio

La tercera combinación del sistema *Ajas–beta* está formada por las letras:

גיפ

Es el acrónimo de *guf*, que significa: «cuerpo».

גופ

Se refiere al cuerpo de la Torá que los dirigentes de las academias enseñan. Ya que los eruditos de Jacob –*gueón Iakov*– se ocupan de profundizar en el cuerpo de la Torá, y aplican y enseñan a los miembros de Israel la aplicación de las reglas de interpretación de la Torá; y lo que es permitido y lo que es prohibido. Como está dicho: «Ellos enseñarán Tus ordenanzas a Jacob y Tu Torá a Israel» (Deuteronomio 33:10). Y también está dicho: «Aprended a hacer el bien; buscad el juicio» (Isaías 1:17).

Los eruditos de Jacob, *gueón Iakov*, en relación con el estudio del cuerpo de la Torá, es un asunto que también se encuentra indicado en la sigla *gif*, a modo de acrónimo. Pues la primera letra, *guimel*, es la inicial de *gueón*; la letra *iud* es la inicial de *Iakov*, y la letra *pe* es la última letra de *guf*.

ג ← גאון
י ← יעקב
פ ← גופ

La tierra deseable

La cuarta combinación del sistema *Ajas-beta* está formada por las letras:

דכצ

Es el acrónimo de *daj kuló jefetz*.

ד ← דך
כ ← כולו
צ ← חפץ

Daj significa «machacar». *Kuló* significa «todo». *Jefetz* se refiere a Israel, como está escrito: «Y todas las naciones os dirán bienaventurados; porque seréis tierra deseable –*eretz jefetz*–, dice El Eterno de los ejércitos» (Malaquías 3:12). ¿Y por qué se los denomina tierra deseable –*eretz jefetz*–? Porque ellos se asemejan a la tierra, pues todo –*kuló*– el mundo se mantiene por ella. Deseables –*jefetz*–, porque ellos hacen cada día la voluntad de El Santo, Bendito Sea, estudiando y pronunciando las palabras de la Torá. Como está dicho: «El Eterno se complació merced a su justicia en acrecentar la Torá y engrandecerla» (Isaías 42:21).

Un hombre limpio y puro

La letra *he* es alveolar –*groniot*– al igual que *jet*, y por eso se intercambian entre sí.
Se forma la palabra:

חלק

Estas tres letras en el mismo orden en que están dispuestas forman la palabra *jalak,* que significa literalmente «liso», es decir, íntegro y limpio.

Se refiere a Jacob, que es denominado *jalak,* pues a través de él fue santificado el nombre de El Santo, Bendito Sea, con santidad, hecho que llevó a la práctica su simiente. Como está dicho: «Porque verá a sus niños, obra de mis manos en medio de ellos, que santificarán mi nombre; y santificarán al Santo de Jacob, y temerán al Dios de Israel» (Isaías 29:3). Y El Santo, Bendito Sea, grabó su aspecto –el de Jacob– en Su trono de gloria. Y cuando sus descendientes pronuncian la santificación triple –Santo, Santo, Santo [...]– El Santo, Bendito Sea, desciende su boca de lo Alto, y lo besa sobre su cabeza que está grabada en Su trono de gloria, Como está dicho: «Porque Dios ha escogido a Jacob para sí, a Israel por tesoro suyo» (Salmos 135:4). ¿Y de dónde se sabe que Jacob es denominado *jalak*? Como está escrito: «Jacob le respondió a Rebeca, su madre: pero mi hermano Esaú es hombre velludo, y yo soy de piel tersa –*jalak*–» (Génesis 27:11). Y también está escrito: «Pues la porción –*jelek*– de El Eterno es su pueblo; Jacob es la medida de Su herencia» (Deuteronomio 32:9).

ÁNGELES FLAMÍGEROS

La sexta combinación del sistema *Ajas-beta* está formada por las letras:

ומר

Es el acrónimo de *veamar,* que significa: «y dijo».

ומר ← ואמר

Se refiere a los serafines flamígeros y a los ángeles de las legiones supremas y los combatientes de lo Alto. Pues ellos no tienen derecho de pronunciar la alabanza: «Santo, Santo, Santo [...]», en lo Alto, hasta que los miembros de Israel comiencen a pronunciarla abriendo sus bocas con santidad en lo bajo. Ya que ellos pronuncian la santificación triple, y después lo hacen los ángeles celestiales. Como está dicho: «Cuando alaban al unísono las estrellas de la mañana, y se entonan todos los ángeles de Dios» (Job 38:7). «Las estrellas de la mañana», se refiere a los Hijos de Israel, que fueron comparados a las estrellas. Como está dicho: «Los entendidos resplandecerán como el resplandor del firmamento; y los que enseñan la justicia a la multitud, como las estrellas, por siempre» (Daniel 12:3). Y también está dicho: «El Eterno, vuestro Dios, os ha multiplicado y he aquí que sois como las estrellas del firmamento en abundancia» (Deuteronomio 1:10). Se aprende que así como las estrellas iluminan el mundo, también los Hijos de Israel iluminan la lámpara del mundo a través de las palabras de la Torá. Como está dicho: «Porque el precepto es lámpara, y la Torá es luz» (Proverbios 6:23).

Antes bien, ¿de dónde se aprende que «y dijo –*veamar*–» se refiere a los ángeles celestiales? Como está dicho: «Y éste llamaba a éste, diciendo –*veamar*–: Santo, Santo, Santo, El Eterno de los ejércitos; toda la Tierra está llena de Su gloria» (Isaías 6:3).

El formidable día de Shabat

La séptima combinación del sistema *Ajas-beta* está formada por las letras:

Es el acrónimo de *ze nasa Shabat*, que significa: «Éste cargó el Shabat»:

זנשת

ז ← זה

נ ← נשא

שת ← שבת

¿A qué se refiere la expresión: *ze nasa Shabat,* que significa: «Éste cargó el Shabat»? Se refiere a los Hijos de Israel, ya que ellos cargaron la Torá y el precepto del Shabat en el mundo, siendo ordenados a hacerlo por la boca de El Santo, Bendito Sea. Y a través de ello se ameritan la heredad del mundo venidero, el cual es Shabat absoluto. Como está dicho: «Canto de alabanza para el día de Shabat» (Salmos 92:1). ¿Qué significa la declaración: «el día de Shabat»? El espíritu de santidad habló a través del rey David declarando: «Con vuestra arpa cantad vosotros, Hijos de Israel; cantad al mundo venidero, que es todo Shabat». Pues cuando El Santo, Bendito Sea, les dijo a los Hijos de Israel: «Yo os entregaré la Torá», les dijo también: «Si vosotros cumplís los preceptos que constan en ella, os haré heredar el mundo venidero». Y le solicitaron: «¡Concédenos un modelo de mundo venidero en este mundo!». El Santo, Bendito Sea, les dijo: «He aquí el Shabat, corresponde con un sesentavo del mundo venidero. En el Shabat vosotros os deleitaréis magníficamente y tendréis sosiego». Como está dicho: «Entonces te deleitarás en El Eterno; y Yo te haré subir sobre las alturas de la tierra, y te daré a comer la heredad de Jacob tu padre; porque la boca de El Eterno lo ha dicho» (Isaías 58:14).

Aplicación del sistema *Ajas-beta*

A continuación apreciaremos una magnífica disertación en la que se utiliza el sistema de intercambio de letras denominado *Ajas-beta:* En el Génesis encontramos una declaración inédita, como está escrito: Y Sara se rió en su interior, diciendo: «¿Ahora que ya he marchitado volveré a tener la piel delicada? ¡Si mi marido es anciano!». Entonces El Eterno le dijo a Abraham: «¿Por qué Sara se ha reído, diciendo: «¿De verdad tendré un hijo, a pesar de ser yo anciana?» (Génesis 18:12-13).

¿Cómo es posible que Sara dijere: «¡Si mi marido es anciano!»; y El Eterno le dijo a Abraham que Sara había dicho: «a pesar de ser yo anciana». ¿Cuál es la razón por la cual El Eterno modificó las palabras de Sara al transmitírselas a Abraham. ¿Por qué le dijo que Sara había dicho que ella era anciana, cuando ella había dicho que él, Abraham, es anciano?

El exegeta Rashi señala: ¡Se alteró el texto por la paz! Como consta en el Midrash: «Dijo Bar Kapara: ¡Cuán grande es la paz! Observad que incluso en los versículos de la Biblia se habla falsedad con el fin de provocar la paz entre el marido y su esposa, Abraham y Sara. Se aprende que es permitido modificar la veracidad de las palabras por un asunto de paz» (*véase* Talmud, tratado de Ievamot 65b) (Midrash Rabá Génesis 48:18).

La venida del Mesías envuelto en paz y verdad

Esta enseñanza mencionada está relacionada con la venida del Mesías. Pues en el libro titulado *400 Siclos de Plata,* escrito por Rabí Jaim Vital, se menciona que en el final de los tiempos, cuando sea el momento de la redención final, el Mesías se coronará de destino y paz *–mazal veemet–*. Y entonces se revelará en este mundo.

Esto quiere decir que la redención final se cristalizará por el mérito de la fe en las palabras de la Torá, las cuales son denominadas verdad *–emet–*. Y por él mérito de esa fe expresada, el Mesías se coronará de destino y paz *–mazal veemet.*

La verdad de la Torá

Respecto a la relación de las palabras de la Torá con la verdad, es un asunto que lo encontramos indicado en el Génesis. Ya que toda la creación fue sellada con la verdad.

En el primer versículo del Génesis se declara: «En un comienzo creó Dios a los Cielos y a la Tierra» (Génesis 1:1). «En un comienzo creó Dios», en el original hebreo está escrito así:

בראשית ברא אלהים

Las letras finales de estas palabras forman el acróstico *emet* —verdad—.

בראשית → ת

ברא → א

אלהים → ם

Las letras *tav*, *alef* y *mem* conforman la palabra *emet*:

אמת

Se aprende que El Eterno creó el mundo con la verdad (Baal Haturim Génesis 1:1).

En el Midrash se amplía: Rabí Isaac abrió su enseñanza citando el versículo que declara: «El principio de Tu palabra es verdad, y eterno es todo juicio procedente de Tu rectitud» (Salmos 119:160). Acerca de esta declaración dijo Rabí Isaac: «Desde el inicio de la creación del universo recae la afirmación que señala: "El principio de Tu palabra es verdad" (Salmos 119:160). ¿Cómo lo sabemos? Pues el primer versículo bíblico: "En un comienzo creó Dios [...])" (Génesis 1:1), se refiere a la verdad, como está escrito: "El Eterno, Dios, es la verdad" (Jeremías 10:10). Y debido a ello: "eterno es todo juicio procedente de Tu rectitud" (Salmos 119:160). Ya que cada uno de los dictámenes que decretas sobre Tus criaturas, emitiendo juicio determinado por la justicia suprema, ellos lo aceptan con fe, a sabiendas de que eres un Juez que juzga únicamente de acuerdo con la verdad» (Midrash Rabá Génesis 1:7).

Ahora bien, respecto al sello de la creación con la verdad, es una señal que no sólo aparece en las primeras palabras del Génesis, sino en muchos otros pasajes. E incluso este fenómeno se reitera en ese mismo versículo. Como está escrito: «En un comienzo creó Dios a [...]». «Creó Dios a», en el original hebreo está escrito así:

ברא אלהים את

Las letras finales de estas palabras forman la palabra *emet* –verdad–.

א ← ברא
ם ← אלהים
ת ← את

Las letras *alef, mem* y *tav* conforman la palabra *emet:*

אמת

A continuación está escrito: «Y la Tierra estaba informe y vacía, y la oscuridad estaba sobre la superficie del abismo; y la Presencia Divina sobrevolaba sobre la superficie de las aguas. Y dijo Dios: ¡Que haya luz!, y hubo luz. Y Dios vio a la luz que era buena, y Dios separó la luz de la oscuridad» (Génesis 1:2-4). En el original hebreo «Dios vio a», está escrito así:

וירא אלהים את

Las letras finales de estas palabras foman la palabra *emet* –verdad–.

א ← וירא

ם ← אלהים

ת ← את

Las letras *alef, mem* y *tav* conforman la palabra *emet*:

אמת

Más adelante está escrito: «Dijo Dios: Que las aguas proliferen seres vivos y que aves vuelen sobre la tierra a través de la extensión del firmamento de los Cielos. Y Dios creó a los enormes animales acuáticos gigantes del mar y todos los seres vivos que reptan, con los que se colmaron las aguas según sus especies; y todas las aves aladas de todas las especies. Y Dios vio que era bueno» (Génesis 1:20-21). En el original hebreo «Y Dios creó a», está escrito así:

ויברא אלהים את

Las letras finales de estas palabras forman la palabra *emet* – verdad–.

א ← ויברא

ם ← אלהים

ת ← את

Las letras *alef, mem* y *tav* conforman la palabra *emet*:

אמת

Posteriormente está escrito: «Dios creó al hombre a Su Imagen, en la Imagen de Dios lo creó; hombre y mujer los creó» (Génesis 1:27). En el original hebreo «Y Dios creó a», está escrito así:

ויברא אלהים את

Las letras finales de estas palabras forman la palabra *emet* —verdad.

ויברא ← א

אלהים ← ם

את ← ת

Las letras *alef, mem* y *tav* conforman la palabra *emet*:

אמת

Después está escrito: «Y Dios vio a todo lo que había hecho, y he aquí que era muy bueno. Y fue tarde, y fue mañana, el sexto día» (Génesis 1:31). En el original hebreo «Y Dios vio a», está escrito así:

וירא אלהים את

Las letras finales de estas palabras forman la palabra *emet* —verdad—.

וירא ← א

אלהים ← ם

את ← ת

Las letras *alef, mem* y *tav* conforman la palabra *emet*:

אמת

Se aprecia que el mundo fue hecho por Dios sobre la base de la verdad (Baal Haturim Génesis 1:1).

El efecto de la fe inquebrantable

Tras esta aclaración que resume en forma breve el fundamento de la verdad en la creación, proseguimos con el tema que estamos analizando. Por él mérito de la fe expresada en las palabras de la Torá, el Mesías se coronará de destino y paz –*mazal veemet*. Esto será así, tal como está escrito: «Y se dispondrá el trono con misericordia; y sobre él se sentará en verdad, en la tienda de David» (Isaías 16:5). Y a través de esto se puede comprender lo dicho por Ezequías, quién manifestó: «Y dijo Ezequías a Isaías: la palabra de El Eterno que has hablado es buena; y agregó: pues habrá paz y verdad en mis días» (Isaías 39:8). Él dijo esto porque sabía que reunía las condiciones necesarias para convertirse en el Mesías.

A esto se refiere lo que está dicho: Que El Eterno eleve Su rostro hacia ti y establezca para ti la paz (Números 6:26). Es decir, palabras entre tú y Yo. O sea, aquellas palabras cuya verdad no es notoria ni manifiesta ante los ojos de todos, sino entre tú y Yo; y tú crees en ellas. Éstas son las palabras que se denominan verdad, aunque la misma no fuere evidente; por eso, establecerá para ti la paz, en referencia a la paz del reino de la casa de David. Ya que el Mesías, proveniente de la casa de David, se coronará de destino y paz –*mazal veemet*–. Y entonces vendrá y se revelará entre nosotros.

Y la relación entre la verdad y la paz, aunque no fuere manifiesta a los ojos de todos, se encuentra indicada en la palabra *emet*.

Emet –verdad– en el original hebreo está escrito así:

אמת

La letra *alef* en el sistema de intercambio de letras denominado *Al-bam*, se intercambia por *lamed*.

א ← ל

Resulta que la palabra *emet* se ha convertido en *lemet:*

אמת ← למת

Ahora nos ocuparemos de la letra *tav*, buscamos su reemplazo en el sistema *Ajas-beta:*

ת ← שׁ

Hallamos que *tav* se intercambia por *shin*.

Resulta que la palabra *emet*, originalmente formada por las letras: *alef, mem, tav* a través de este intercambio está formada por las letras: *lamed, mem, shin.*

אמת ← למשׁ

Alef, mem, shin forman la palabra *shalem:*

שׁלם

Shalem, es la traducción aramea de *shalom*, que significa «paz» (Od Iosef Jai sección Nasó).

Significa que la paz está intrínsecamente unida a la verdad. Por eso, aunque deba alterarse la verdad por la paz, la verdad se mantiene intacta.

XIV
SISTEMA DE INTERCAMBIO DEL VALOR RAÍZ *AIK-BEKER*

El sistema de intercambio de unidades, decenas y centenas denominado *Aik-beker* consiste en intercambiar las letras que comparten el mismo valor raíz. Por ejemplo, 1, 10 y 100 comparten el mismo valor raíz, que es 1. Asimismo, 2, 20 y 200 comparten el mismo valor raíz, que es 2. Siguiendo esta regla, y atribuyendo el valor que corresponde a cada letra del alfabeto hebreo, se podrán realizar diversas combinaciones que sigan a este patrón.

Veamos la primera serie de intercambios expresada en la sigla *Aik,* que corresponde a las letras *alef, iud, kuf.*

Éste es el valor numérico de estas tres letras:

$$1 \leftarrow א$$
$$10 \leftarrow י$$
$$100 \leftarrow ק$$

Se aprecia que, en todos los casos, el valor raíz de estas letras es 1. Por lo tanto, estas tres letras se intercambian entre sí.

$$ק \leftarrow י \leftarrow א$$

Ahora nos remitimos a la segunda serie de intercambios expresada en la sigla *beker,* que corresponde a las letras *bet, kaf, reish.*

Éste es el valor numérico de estas tres letras:

2 ← ב
20 ← כ
200 ← ר

Se aprecia que, en todos los casos, el valor raíz de estas letras es 2. Por lo tanto, estas tres letras se intercambian entre sí.

ר ← כ ← ב

La tercera serie se obtiene asociando las tres letras del alfabeto que comparten el valor raíz 3. Hallamos las letras *guimel, lamed, shin.*

Éste es el valor numérico de estas tres letras:

3 ← ג
30 ← ל
300 ← ש

Se aprecia que, en todos los casos, el valor raíz de estas letras es 3. Por lo tanto, estas tres letras se intercambian entre sí.

ש ← ל ← ג

La cuarta serie se obtiene asociando las tres letras del alfabeto que comparten el valor raíz 4. Hallamos las letras *dalet, mem, tav.*

Éste es el valor numérico de estas tres letras:

4 ← ד
40 ← מ
400 ← ת

Se aprecia que, en todos los casos, el valor raíz de estas letras es 4. Por lo tanto, estas tres letras se intercambian entre sí.

ת ← מ ← ד

La quinta serie se obtiene asociando las tres letras del alfabeto que comparten el valor raíz 5. Hallamos las letras *he, nun, kaf* final.

Éste es el valor numérico de estas tres letras:

5 ← ה
50 ← נ
500 ← ך

Se aprecia que, en todos los casos, el valor raíz de estas letras es 5. Por lo tanto, estas tres letras se intercambian entre sí.

ך ← נ ← ה

La sexta serie se obtiene asociando las tres letras del alfabeto que comparten el valor raíz 6. Hallamos las letras *vav, samej, mem* final.

Éste es el valor numérico de estas tres letras:

6 ← ו
60 ← ס
600 ← ם

Se aprecia que, en todos los casos, el valor raíz de estas letras es 6. Por lo tanto, estas tres letras se intercambian entre sí.

ם ← ס ← ו

La séptima serie se obtiene asociando las tres letras del alfabeto que comparten el valor raíz 7. Hallamos las letras *zain, ain, nun* final.

Éste es el valor numérico de estas tres letras:

7 ← ז
70 ← ע
700 ← ן

Se aprecia que, en todos los casos, el valor raíz de estas letras es 7. Por lo tanto, estas tres letras se intercambian entre sí.

ן ← ע ← ז

La octava serie se obtiene asociando las tres letras del alfabeto que comparten el valor raíz 8. Hallamos las letras *jet, pe, pe* final.

Éste es el valor numérico de estas tres letras:

8 ← ח
80 ← פ
800 ← ף

Se aprecia que, en todos los casos, el valor raíz de estas letras es 8. Por lo tanto, estas tres letras se intercambian entre sí.

ף ← פ ← ח

La novena serie se obtiene asociando las tres letras del alfabeto que comparten el valor raíz 9. Hallamos las letras *tet, tzadi, tzadi* final.

Éste es el valor numérico de estas tres letras:

    9 ← ט
   90 ← צ
 900 ← ץ

Se aprecia que, en todos los casos, el valor raíz de estas letras es 9. Por lo tanto, estas tres letras se intercambian entre sí.

ץ ← צ ← ט

Ésta es la tabla completa del sistema de intercambio de unidades, decenas y centenas, *Aik-beker:*

ק ← י ← א
ר ← כ ← ב
ש ← ל ← ג
ת ← מ ← ד
ך ← נ ← ה
ם ← ס ← ו
ן ← ע ← ז
ף ← פ ← ח
ץ ← צ ← ט

Aplicación del sistema *Aik-beker*

Rabí Iehuda Hajasid es uno de los sabios que utilizaron con frecuencia este sistema en sus deducciones. En su libro titulado *Sefer Guematriot,* consta esta deducción:

«Alma» en el original hebreo se expresa mediante la locución *nefesh,* y se escribe así:

נפש

Aplicando a este término el sistema *Aik-beker,* se obtiene este resultado:

ה ← נ
ח ← פ
ל ← ש

Se ha formado la palabra *lejáh.*

לחה

Lejáh significa líquido. Es porque la sangre es el alma de la persona, es decir, la manifestación de vitalidad. Como está escrito: «Solamente, sé fuerte para no comer la sangre, pues la sangre es la vida –*nefesh*–, y no comerás la vida junto con la carne» (Deuteronomio 12:23).

Asimismo, cuando se le extrae a la persona sangre, el líquido mana hacia afuera, por eso el individuo se debilita y enfría. Pues el alma –*nefesh*– está vinculada con la sangre, y la calienta, tal como sucede con una llama que calienta a la brasa (Sefer guematriot de Rabí Iehuda Hajasid, inciso 161).

XV
SISTEMA DE RABÍ JÍA

En el tratado talmúdico de Sucá se menciona un sistema de intercambio de letras consistente en formar unidades, decenas y centenas. El mismo se denomina *Alef-bet* de Rabí Jía.

Para realizar las combinaciones se toman las letras cuyo valor numérico corresponde a unidades, y se las asocia para formar una decena. Las letras cuyo valor numérico corresponde a decenas deben asociarse para formar una centena. Respecto a las letras cuyo valor numérico corresponde a centenas, el modo de asociarlas dependerá del alfabeto que tomemos, el original de 22 letras, o el completo de 27 letras.

Si tomamos el alfabeto de 22 letras, hay sólo cuatro que poseen valor numérico expresado en centenas, las letras: *kuf, reish, shin y tav*. Por eso se las asocia entre sí formando con ellas el valor 500. En cambio, si se toma el alfabeto de 27 letras, se forman unidades de mil, ya que los valores de esas letras lo permiten.

Este procedimiento permitirá que casi todas las letras posean pareja; mas es inevitable que ciertas letras se quedarán sin una pareja. Pues la letra *he,* su valor es 5. Ella no posee ninguna letra que de acuerdo con su valor numérico pueda asociarse a ella para formar una decena. Por lo tanto queda sola. Y lo mismo acontece con la letra *nun,* cuyo valor es 50, entre las decenas. Idéntica situación se produce con la letra *mem* final en el sistema completo de 27 letras; ya que su valor es 500 y no posee compañera para formar una unidad de 1.000. La solución que se halló es unir entre sí a las letras que han quedado solas.

217

Desarrollo del Alef bet de Rabí Jía

El sistema mencionado consta en el tratado talmúdico de Sucá en forma sintética. Y el exegeta Rashi lo explica paso a paso de acuerdo con el modo extendido del alfabeto, tomando las 27 letras en forma independiente y asignándoles valores numéricos específicos a cada una de ellas. Este mismo sistema también se menciona en *Ein Yakov*, que es una enciclopedia que contiene extractos selectos del Talmud. Allí, en la exégesis de Rashi, se explica el sistema de acuerdo al alfabeto original de 22 letras.

Desarrollaremos primeramente el sistema *Alef bet* de Rabí Jía en su forma simple.

Formación de decenas

El valor numérico de la letra *alef* es 1. Para formar una decena requiere 9 unidades, y ese valor corresponde a la letra *tet*.

$$1 = א$$
$$9 = ט$$
$$1 + 9 = 10$$

Por lo tanto, *alef* se asocia a *tet*.

$$ט ← א$$

El valor numérico de la letra *bet* es 2. Para formar una decena requiere 8 unidades, y ese valor corresponde a la letra *jet*.

$$2 = ב$$
$$8 = ח$$
$$2 + 8 = 10$$

Por lo tanto, *bet* se asocia a *jet*.

ח = ב

El valor numérico de la letra *guimel* es 3. Para formar una decena requiere 7 unidades, y ese valor corresponde a la letra *zain*.

3 = ג

7 = ז

3 + 7 = 10

Por lo tanto, *guimel* se asocia a *zain*.

ז ← ג

El valor numérico de la letra *dalet* es 4. Para formar una decena requiere 6 unidades, y ese valor corresponde a la letra *vav*.

4 = ד

6 = ו

4 + 6 = 10

Por lo tanto, *dalet* se asocia a *vav*.

ו ← ד

El valor numérico de la letra *he* es 5. Para formar una decena requiere 5 unidades, y no hay ninguna letra además de la misma *he* que posea ese valor. Por lo tanto, queda sola.

5 ← ה

Formación de centenas

El valor numérico de la letra *iud* es 10. Para formar una centena requiere 9 decenas, y ese valor corresponde a la letra *tzadi*.

$$10 = י$$
$$90 = צ$$
$$10 + 90 = 100$$

Por lo tanto, *iud* se asocia a *tzadi*.

El valor numérico de la letra *kaf* es 20. Para formar una centena requiere 8 decenas, y ese valor corresponde a la letra *pe*.

$$20 = כ$$
$$80 = פ$$
$$20 + 80 = 100$$

Por lo tanto, *kaf* se asocia a *pe*.

$$פ = כ$$

El valor numérico de la letra *lamed* es 30. Para formar una centena requiere 7 decenas, y ese valor corresponde a la letra *ain*.

$$30 = ל$$
$$70 = ע$$
$$30 + 70 = 100$$

Por lo tanto, *lamed* se asocia a *ain*.

$$ל = ע$$

El valor numérico de la letra *mem* es 40. Para formar una centena requiere 6 decenas, y ese valor corresponde a la letra *samej*.

$$40 = מ$$
$$60 = ס$$
$$40 + 60 = 100$$

Por lo tanto, *mem* se asocia a *samej*.

$$ס ← מ$$

El valor numérico de la letra *nun* es 50. Para formar una centena requiere 5 decenas, y no hay ninguna letra además de la misma *nun* que posea ese valor. Por lo tanto, queda sola.

$$50 = נ$$

FORMACIÓN DE 500

El valor numérico de la letra *kuf* es 100. Para formar 500 requiere 4 centenas, y ese valor corresponde a la letra *tav*.

$$100 = ק$$
$$400 = ת$$
$$100 + 400 = 500$$

Por lo tanto, *kuf* se asocia a *tav*.

$$ת = ק$$

El valor numérico de la letra *reish* es 200. Para formar 500 requiere 3 centenas, y ese valor corresponde a la letra *shin*.

200 = ר

300 = שׁ

200 + 300 = 500

Por lo tanto, *reish* se asocia a *shin*.

שׁ ← ר

UNA PAREJA ESPECIAL

Las letras *he* y *nun* han quedado sin pareja, por lo tanto, se las asocia entre ellas:

נ ← ה

Ésta es la tabla completa de *Alef-bet* de Rabí Jía tomando el alfabeto original de 22 letras:

		צ ← י		ט ← א	
ת ← ק		פ ← כ		ח ← ב	
שׁ ← ר		ע ← ל		ז ← ג	
		ס ← מ		ו ← ד	

ALFABETO COMPLETO DE ACUERDO CON *ALEF-BET* DE RABÍ JÍA

Ahora, desarrollaremos el sistema *Alef-bet* de Rabí Jía en su forma expandida.

La formación de decenas y centenas es exactamente igual al proceso anteriormente desarrollado con el alfabeto original de 22 letras. Por lo tanto, nos ocuparemos sólo de las unidades de mil.

Formación de unidades de mil

El valor numérico de la letra *kuf* es 100. Para formar 1.000 se requieren 9 centenas, y ese valor corresponde a la letra *tzadi* final.

$$100 = ק$$
$$900 = ץ$$
$$100 + 900 = 1.000$$

Por lo tanto, *kuf* se asocia a *tzadi* final.

$$ץ ← ק$$

El valor numérico de la letra *reish* es 200. Para formar 1.000 se requieren 8 centenas, y ese valor corresponde a la letra *pe* final.

$$200 = ר$$
$$800 = ף$$
$$200 + 800 = 1.000$$

Por lo tanto, *reish* se asocia a *pe* final.

$$ף ← ר$$

El valor numérico de la letra *shin* es 300. Para formar 1.000 se requieren 7 centenas, y ese valor corresponde a la letra *nun* final.

$$300 = ש$$
$$700 = ן$$
$$300 + 700 = 1.000$$

Por lo tanto, *shin* se asocia a *nun* final.

$$ן ← ש$$

El valor numérico de la letra *tav* es 400. Para formar 1.000 se requieren 6 centenas, y ese valor corresponde a la letra *mem* final.

$$400 = ת$$
$$600 = ם$$
$$400 + 600 = 1.000$$

Por lo tanto, *tav* se asocia a *mem* final.

Un grupo singular

ם ← ת

Las letras *he, nun* y *kaf* final han quedado sin pareja, por lo tanto, se las asocia entre ellas:

ה נ ך

Ésta es la tabla completa de *Alef-bet* de Rabí Jía tomando el alfabeto completo de 27 letras en forma independiente:

			י ← צ			א ← ט	
ק ← ץ			כ ← פ			ב ← ח	
ר ← ף			ל ← ע			ג ← ז	
ש ← ן			ו ← ם			ד ← ו	
ת ← ם			ה ← נ ← ך				

Aplicación de *Alef-bet* de Rabí Jía

A continuación, apreciaremos un ejemplo en el que se aplica este sistema enunciado. En el Talmud se enseña:

En la academia de Rabí Ishmael se estudió: si ese malvado se topa contigo —el incitador al mal—, arrástralo a la casa de estudios. Si es piedra, se pulverizará, y si es hierro, reventará. Si es piedra, se pulverizará, como está escrito acerca de la Torá, que es comparada al agua: «¡Apróntese todo sediento a llegar al agua!» (Isaías 55:1). Y está escrito: «Las piedras son desgastadas por el agua» (Job 14:9). Y si es hierro, reventará, como está escrito: «¿Acaso Mi palabra no es como el fuego, dice El Eterno, y como martillo pulveriza la roca?» (Jeremías 23:29).

Dijo Rabí Shmúel bar Najmaní en el nombre de Rabí Ionatán: el mal instinto incita al hombre en este mundo y testifica acerca de él en el mundo venidero. Como está dicho: «Quien mima a su siervo desde la niñez provocará que finalmente sea su amo –*manón*–» (Proverbios 29:21). Es decir, todo el que mimare a su mal instinto en su juventud otorgándole todas las complacencias, provocará que éste se convierta en amo suyo en su ancianidad. Y no sólo eso, sino que testificará sobre él en el mundo venidero. ¿De dónde se lo aprende? De la expresión *manón*, ya que según el sistema *Alef-bet* de Rabí Jía esta palabra se transforma en *sahada*, que significa testigo (Talmud, tratado de Sucá 52b).

Veámoslo gráficamente:

Manón en el original hebreo está escrito así:

מנון

Aplicándole el sistema *Alef-bet* de Rabí Jía en su forma original de 22 letras resulta:

ס ← מ

ה ← נ

ד ← ו

ה ← ן

Se ha formado la palabra *sahada*, que significa testigo.

XVI
EL VALOR REDUCIDO –*MISPAR KATÁN*–

El valor numérico de una palabra puede ser reducido sumando los números que lo integran entre sí. El producto obtenido se le denomina *mispar katán*.

Veamos un ejemplo para comprenderlo mejor:

«Libro» en hebreo se expresa mediante la locución *sefer*, y se escribe así:

ספר

Éste es el valor numérico de *sefer:*

$60 = $ ס

$80 = $ פ

$200 = $ ר

Sumemos estos valores:

$60 + 80 + 200 = 340$

Ahora sumamos los dígitos de 340 entre sí para obtener el *mispar katán:*

$3 + 4 + 0 = 7$

Resulta que el *mispar katán* de *sefer* es 7.

Aplicación del valor reducido –Mispar Katán–

En Midrash Talpiot consta un magnífico ejemplo de *mispar katán* relacionado con el sello de El Santo, Bendito Sea, que es la verdad.

Las letras con las que está escrita la Torá se dividen en tres grupos integrados por 9 componentes. El grupo de las unidades está integrado por 9 letras; el grupo de las decenas está integrado por 9 letras; y el grupo de las centenas está integrado por 9 letras.

Éste es el orden en el que cada grupo está dispuesto:

Unidades	Decenas	Centenas
א = 1	י = 10	ק = 100
ב = 2	כ = 20	ר = 200
ג = 3	ל = 30	ש = 300
ד = 4	מ = 40	ת = 400
ה = 5	נ = 50	ך = 500
ו = 6	ס = 60	ם = 600
ז = 7	ע = 70	ן = 700
ח = 8	פ = 80	ף = 800
ט = 9	צ = 90	ץ = 900

La disposición de las letras en el orden alfabético encierra un misterio intrínseco, pues las unidades comienzan con el número 1 y culminan con el número 9. Después comienzan las decenas que vuelven al número 1 seguido de un cero, hasta llegar a 9. Y este fenómeno se repite con las centenas. O sea, todos los grupos desembocan en el *mispar katán* 9.

Ésta es la razón por la que el sello de El Santo, Bendito Sea, es la verdad. Pues verdad se expresa mediante la locución *emet* y su *mispar katán* es 9.

Veámoslo gráficamente:

Emet se escribe así con letras hebreas:

אמת

Éste es su valor numérico:

$1 = $ א
$40 = $ מ
$400 = $ ת

Sumemos estos valores:

$1 + 40 + 400 = 441$

Resulta que el valor numérico de *emet* es 441.

Calculemos ahora el *mispar katán*:

$4 + 4 + 1 = 9$

El *mispar katán* de *emet* es 9

Además, la palabra *emet* está formada por 3 letras:

אמת

Las mismas indican los tres grupos de letras en las que se divide el alfabeto: unidades, decenas y centenas.

La letra *alef*, su valor numérico es 1, indica las unidades.

1 = א

La letra *mem*, su valor numérico es 40, indica las decenas.

40 = מ

La letra *tav*, su valor numérico es 400, indica las centenas.

400 = ת

Todos estos grupos señalados en la expresión *emet* vuelven a 1 después de llegar a 9. Indican la unión y unidad absoluta. Además, el total de letras que integran el alfabeto es 27. Éstas son todas las letras que constan en la Torá, y se trata de un valor que también tiene un *mispar katán* igual a 9.

2 + 7 = 9

Estas señales revelan que el sello de El Santo, Bendito Sea, es la verdad –*emet*, con el que se indica a través del mismo la unicidad absoluta y las tres partes de la Torá. Por eso, a quien se ocupare de la Torá se le denominará *emet*. Pues al estar aferrado a la Torá, se aferra al sello de El Santo, Bendito Sea, que es la verdad –*emet*–. Ésta es la razón por la que a quien hablare mentiras, las letras de la Torá no le ayudarán, ya que las mismas son verdad –*emet*–. Y la verdad se opone a la mentira y la derriba a tierra (Midrash Talpiot anaf otiot).

Concatenación de triplicidades

Respecto a las tres partes de la Torá mencionadas es algo que también está indicado en el alfabeto, al igual que la veracidad y maestría del orden específico en que las letras fueron dispuestas. Y todo está indicado a través del *mispar katán*.

A continuación, dilucidaremos este asunto que se encuentra indicado en las letras del alfabeto. Asimismo, observaremos la concatenación de triplicidades que incluye la triple división de la Torá.

Está escrito: «¿Acaso no te he escrito tríos, para que te sean de consejo y sabiduría?» (Proverbios 22:20). Dijo Rabí Iehoshúa, el hijo de Rabí Nejemia: «Se refiere a la Torá, cuyas letras constituyen tríos». Pues formando grupos de tres letras, la letra del medio es un tercio de las letras de los extremos.

TRIPLICIDAD DE UNIDADES

Las tres primeras letras del alfabeto hebreo son *alef, bet, guimel*. El valor de *alef* es 1, el valor de *bet* es 2 y el valor de *guimel* es 3.

El resultado que se obtiene sumando los valores de estas letras es 6. Un tercio de 6 es 2, el mismo valor de la letra central —*bet*— de este grupo de 3 letras.

$$1 = א$$
$$2 = ב$$
$$3 = ג$$

Sumemos estos valores:

$1 + 2 + 3 = 6$

Ahora, lo dividimos por 3 para hallar un tercio:

$6/3 = 2$

2 es el valor numérico correspondiente a la letra *bet*.

Las siguientes 3 letras del alfabeto hebreo son: *dalet, he, vav*.
El valor de *dalet* es 4, el valor de *he* es 5 y el valor de *vav* es 6.

El resultado que se obtiene sumando los valores de estas letras es 15. Un tercio de 15 es 5, el mismo valor de la letra central –*he*– de este grupo de 3 letras.

$$4 = ד$$
$$5 = ה$$
$$6 = ו$$

Sumemos estos valores:

4 + 5 + 6 = 15

Ahora, lo dividimos por 3 para hallar un tercio:

15/3 = 5

5 es el valor numérico correspondiente a la letra *he*.

Las siguientes 3 letras del alfabeto hebreo son: *zain, jet, tet*.
El valor de *zain* es 7, el valor de *jet* es 8 y el valor de *tet* es 9.

El resultado que se obtiene sumando los valores de estas letras es 24. Un tercio de 24 es 8, el mismo valor de la letra central –*jet*– de este grupo de 3 letras.

$$7 = ז$$
$$8 = ח$$
$$9 = ט$$

Sumemos estos valores:
7 + 8 + 9 = 24

Ahora, lo dividimos por 3 para hallar un tercio:

24/3 = 8

8 es el valor numérico correspondiente a la letra *jet*.

TRIPLICIDAD DE DECENAS

Las siguientes 3 letras del alfabeto hebreo son: *iud, kaf, lamed*. El valor de *iud* es 10, el valor de *kaf* es 20 y el valor de *lamed* es 30. El resultado que se obtiene sumando los valores de estas letras es 60. Un tercio de 60 es 20, el mismo valor de la letra central –*kaf*– de este grupo de 3 letras.

$$10 = י$$
$$20 = כ$$
$$30 = ל$$

Sumemos estos valores:

10 + 20 + 30 = 60

Ahora, lo dividimos por 3 para hallar un tercio:

60/3 = 20

20 es el valor numérico correspondiente a la letra *kaf*.

Las siguientes 3 letras del alfabeto hebreo son: *mem, nun, samej*. El valor de *mem* es 40, el valor de *nun* es 50 y el valor de *samej* es 60. El resultado que se obtiene sumando los valores de estas letras es 150. Un tercio de 150 es 50, el mismo valor de la letra central –*nun*– de este grupo de 3 letras.

$$40 = \text{מ}$$
$$50 = \text{נ}$$
$$60 = \text{ס}$$

Sumemos estos valores:

40 + 50 + 60 = 150

Ahora, lo dividimos por 3 para hallar un tercio:

150/3 = 50

50 es el valor numérico correspondiente a la letra *nun*.

Las siguientes 3 letras del alfabeto hebreo son: *ain, pe, tzadi*. El valor de *ain* es 70, el valor de *pe* es 80 y el valor de *tzadi* es 90.

El resultado que se obtiene sumando los valores de estas letras es 240. Un tercio de 240 es 80, el mismo valor de la letra central –*pe*– de este grupo de 3 letras.

$$70 = \text{ע}$$
$$80 = \text{פ}$$
$$90 = \text{צ}$$

Sumemos estos valores:

70 + 80 + 90 = 240

Ahora lo dividimos por 3 para hallar un tercio:

240/3 = 80

80 es el valor numérico correspondiente a la letra *pe*.

Triplicidad de centenas

Las siguientes 3 letras del alfabeto hebreo son: *kuf, reish, shin*. El valor de *kuf* es 100, el valor de *reish* es 200 y el valor de *shin* es 300.

El resultado que se obtiene sumando los valores de estas letras es 600. Un tercio de 600 es 200, el mismo valor de la letra central –*reish*– de este grupo de 3 letras.

$$100 = ק$$
$$200 = ר$$
$$300 = ש$$

Sumemos estos valores:

100 + 200 + 300 = 600

Ahora, lo dividimos por 3 para hallar un tercio:

600/3 = 200

200 es el valor numérico correspondiente a la letra *reish*.

Las siguientes 3 letras del alfabeto hebreo son: *tav, kaf* final, *mem* final. El valor de *tav* es 400, el valor de *kaf* final es 500 y el valor de *mem* final es 600.

El resultado que se obtiene sumando los valores de estas letras es 1.500. Un tercio de 1.500 es 500, el mismo valor de la letra central –*kaf* final– de este grupo de 3 letras.

400 = ת
500 = ך
600 = ם

Sumemos estos valores:

400 + 500 + 600 = 1.500

Ahora, lo dividimos por 3 para hallar un tercio:

1.500/3 = 500

500 es el valor numérico correspondiente a la letra *kaf* final. Las siguientes 3 letras del alfabeto hebreo son: *nun* final, *pe* final, *tzadi* final. El valor de *nun* final es 700, el valor de *pe* final es 800 y el valor de *tzadi* final es 900.

El resultado que se obtiene sumando los valores de estas letras es 2.400. Un tercio de 2.400 es 800, el mismo valor de la letra central –*pe* final– de este grupo de 3 letras.

700 = ן
800 = ף
900 = ץ

Sumemos estos valores:

700 + 800 + 900 = 2.400

Ahora lo dividimos por 3 para hallar un tercio:

2.400/3 = 800

800 es el valor numérico correspondiente a la letra *pe* final.

Esta concatenación de triplicidades que se equilibran en el centro posee una explicación muy profunda. Está relacionada con las emanaciones espirituales denominadas *jesed* –bondad–, *guevurá* –rigor– y *tiferet* –equilibrio.

La disposición de estas emanaciones es:

Guevurá   *Tiferet*   *Jesed*
rigor   equilibrio   bondad

Tiferet está en el medio y representa el equilibrio balanceado entre la bondad y el rigor. Lo mismo acontece con las letras del alfabeto, como lo hemos apreciado. Pues las mismas están alineadas de acuerdo con el orden de estas emanaciones citadas, que constituyen la base del mundo. Como lo explicó el exegeta Rashi en su comentario al Pentateuco, tal como lo mencionamos en el cap. V de esta obra.

Ahora bien, la Torá está escrita con este alfabeto y, analizando su estructura, se aprecia que los acontecimientos narrados siguen este mismo principio. Obsérvese este interesante resumen:

LA TRIPLICIDAD DE LA TORÁ

- Libros del Pentateuco
- Profetas
- Escritos Sagrados (Salmos, Proverbios, Cantar de los Cantares, etc.).

LA MISHNÁ ES TRIPLE

- Talmud (explicación de la Mishná)
- Leyes prácticas
- Narraciones alusivas –*hagadot*–

Tercer hijo, el receptor de la Torá

El hombre que medió entre Dios y el pueblo de Israel en la entrega de la Torá es un tercero. Pues Moisés es el tercer hijo de su madre, la cual engendró a estos tres individuos:

- Miriam
- Aarón
- Moisés

La plegaria es triple

- La plegaria nocturna, denominada *Arbit*
- La plegaria matutina, denominada *Shajarit*
- La plegaria vespertina, denominada *Minjá*

Santificación triple

La santificación de la plegaria denominada *kedushá* es triple. En la misma se pronuncia tres veces el término *Kadosh* que significa Santo, en homenaje al Eterno:

Kadosh (Santo)
Kadosh (Santo)
Kadosh (Santo)

El triple pueblo de Israel

Los sacerdotes descendientes de Aarón, el hijo de Levi, denominados *cohanim*.
Los auxiliares de los sacerdotes descendientes de Levi, denominados *levitas*.
Los descendientes de las demás tribus, denominados israelitas.

Nombre formado por tres caracteres

El nombre de Moisés, el líder judío que recibió la Torá directamente de Dios se compone de tres letras:
Moisés se escribe mediante las letras: *mem, shin, he.*

משה

La tribu de Levi

El hombre que dio origen a la tribu a la que pertenece Moisés fue Levi, cuyo nombre se compone de tres letras.

Levi se escribe mediante las letras: *lamed, vav, iud.*

לוי

Simiente triple

El origen de Moisés, quien pertenece a la tribu de Levi, proviene de una simiente triple, los tres patriarcas:

- Abraham
- Isaac
- Jacob

El tercer mes

Dios entregó la Torá al pueblo a través de Moisés, en el mes tercero, que es Siván.

- Nisán (primer mes)
- Iyar (segundo mes)
- Siván (tercer mes)

El desierto de Sin

Dios entregó la Torá en el desierto de Sin, cuyo nombre está compuesto de tres letras. Como está escrito: «Acamparon en el monte Sin» (Éxodo 16:1).

Sin se escribe mediante las letras: *samej, iud, nun*.

סין

Tres días de purificación

Como preparativo para recibir la Torá, los integrantes del pueblo de Israel se santificaron durante tres días. Este dato consta explícitamente en el versículo, como está escrito: «Estén aptos para el tercer día» (Éxodo 19:15).

Dijo Rabí Ieoshúa bar Nejemia: «El tercero siempre es amado». Y presentó ejemplos:

Adán engendró tres hijos:

- Caín
- Abel
- Shet

Shet fue el más preciado, tal como lo revela el versículo: «Este es el libro de la genealogía de Adán» (Génesis 5:1). También está escrito: «Vivió Adán 130 años y engendró como su aspecto y como su semejanza, y llamó su nombre Shet» (Génesis 5:1). Respecto a Caín y Abel, no fue dicho que engendró «como su aspecto y como su semejanza», únicamente fue dicho acerca de Shet.

Noé tuvo tres hijos, tal como está escrito: «Noé engendró tres hijos, Shem, Jam y Iafet» (Génesis 6:10).

- Shem
- Jam
- Iafet

Shem era el menor, o sea el tercero, y fue él quien heredó la grandeza (Etz Iosef Tanjuma Itró 10).

Amram también tuvo tres hijos:

- Miriam
- Aarón
- Moisés

Sobre el tercer hijo, Moisés, está escrito: «Si no fuese por Moisés, el elegido» (Salmos 106:23).

Las 12 tribus de Israel

Jacob engendró a las doce tribus de Israel. De estos doce hijos, el tercero fue Levi:

- Reubén
- Shimón
- Levi

Levi fue el hijo más amado, tal como está escrito: «En ese momento separó Dios a la tribu de Levi» (Deuteronomio 10:8).

Los reyes de Israel

Éstos son los nombres de los primeros reyes de Israel:

- Saúl
- David
- Salomón

Salomón fue el amado, tal como está escrito: «Se sentó Salomón sobre el trono de El Eterno para ser rey» (I Crónicas 29:23).

Los meses del año

Respeto a los meses, el tercero es el más amado, tal como está escrito: «Aconteció al tercer mes desde la salida de Egipto, que en este día llegaron al monte Sinaí» (Éxodo 19:1) (Midrash Tanjuma, Itró 10).

Orden de sabiduría

Además de todos estos asuntos que hemos apreciado a partir de la disposición de las letras en el alfabeto, también consta allí mismo la guía idónea para llevar a cabo el estudio de la Torá. Y se indica también la veracidad de este principio esencial.

Pues la Torá comienza con la letra *bet*. Como está escrito: «En un comienzo –*Bereshit*– creó Dios a los Cielos y a la Tierra» (Génesis 1:1).

Al iniciarse la Torá con la letra *bet*, se indica que ése debe ser el punto de partida de todo estudio. De este modo, las conjeturas que se obtendrán serán acertadas y verdaderas. Mas si uno quisiere observar qué hay antes de *bet*, las conclusiones serán falsas y erróneas.

Ello está indicado en la letra *bet*, la cual posee una abertura en dirección hacia delante, señalando el camino a seguir en el estudio. Sin desviarse hacia atrás, ni arriba o abajo.

Obsérvese la forma de la letra *bet,* cuya abertura imparte la indicación mencionada:

ב

Este fundamento es explicado detalladamente en la Mishná, tratado de Jaguigá 2:1. Asimismo, se encuentra aludido en el *mispar katán* de las letras del alfabeto hebreo.

Para comprobarlo observaremos los grupos de tres letras que se forman comenzando por *bet,* la inicial del Génesis.

Los grupos de la verdad

Primer grupo de la verdad

Las 3 letras que forman el primer grupo son: *bet, guimel, dalet.* Y éste es su valor numérico:

$$2 = ב$$
$$3 = ג$$
$$4 = ד$$

Sumemos estos valores:

$2 + 3 + 4 = 9$

Se aprecia que siguiendo este orden se llega a la verdad. Ya que 9 es el *mispar katán* de *emet,* que significa verdad.

Segundo grupo de la verdad

Las 3 letras que forman el segundo grupo son: *he, vav, zain.* Y éste es su valor numérico:

$$5 = ה$$
$$6 = ו$$
$$7 = ז$$

Sumemos estos valores:

5 + 6 + 7 = 18

Calculemos el *mispar katán:*

1 + 8 = 9

Tercer grupo de la verdad

Las 3 letras que forman el tercer grupo son: *jet, tet, iud.* Y éste es su valor numérico:

$$8 = ח$$
$$9 = ט$$
$$10 = י$$

Sumemos estos valores:

8 + 9 + 10 = 27

Calculemos el *mispar katán:*

2 + 7 = 9

Cuarto grupo de la verdad

Las 3 letras que forman el cuarto grupo son: *kaf, lamed, mem.* Y éste es su valor numérico:

20 = כ
30 = ל
40 = מ

Sumemos estos valores:

20 + 30 + 40 = 90

Calculemos el *mispar katán:*

9 + 0 = 9

Quinto grupo de la verdad

Las 3 letras que forman el quinto grupo son: *nun, samej, ain.* Y éste es su valor numérico:

50 = נ
60 = ס
70 = ע

Sumemos estos valores:

50 + 60 + 70 = 180

Calculemos el *mispar katán:*

1 + 8 + 0 = 9

Sexto grupo de la verdad

Las 3 letras que forman el sexto grupo son: *pe, tzadi, kuf.* Y éste es su valor numérico:

$$80 = \text{פ}$$
$$90 = \text{צ}$$
$$100 = \text{ק}$$

Sumemos estos valores:

80 + 90 + 100 = 270

Calculemos el *mispar katán:*

2 + 7 + 0 = 9

Séptimo grupo de la verdad

Las 3 letras que forman el séptimo grupo son: *reish, shin, tav.* Y éste es su valor numérico:

$$200 = \text{ר}$$
$$300 = \text{ש}$$
$$400 = \text{ת}$$

Sumemos estos valores:

200 + 300 + 400 = 900

Calculemos el *mispar katán:*

9 + 0 + 0 = 9

Octavo grupo de la verdad

Las 3 letras que forman el octavo grupo son: *kaf* final, *mem* final, *nun* final. Y éste es su valor numérico:

500 = ר
600 = ם
700 = ן

Sumemos estos valores:

500 + 600 + 700 = 1.800

Calculemos el *mispar katán:*

1 + 8 + 0 + 0 = 9

Noveno grupo de la verdad

Las 3 letras que forman el noveno grupo son: *pe* final, *tzadi* final, *alef rabati*. Y éste es su valor numérico:

800 = ף
900 = ץ
1.000 = א

Sumemos estos valores:

800 + 900 + 1.000 = 2.700

Calculemos el *mispar katán:*

2 + 7 + 0 + 0 = 9

Se aprecia que, comenzando a partir de la letra *bet* y formando tríos, se llega siempre a la verdad.

Veremos, a continuación, qué sucedería en caso de violarse las reglas, y viendo qué hay antes de *bet.*

Los grupos de la mentira

Primer grupo de la mentira

Las 3 letras que forman el primer grupo son: *alef, bet, guimel*. Y éste es su valor numérico:

1 = א
2 = ב
3 = ג

Sumemos estos valores:

1 + 2 + 3 = 6

Se aprecia que, siguiendo este orden, se llega a la mentira. Ya que 6 es el *mispar katán* de *sheker*, que significa mentira.

Segundo grupo de la mentira

Las 3 letras que forman el segundo grupo son: *dalet, he, vav*. Y éste es su valor numérico:

4 = ד
5 = ה
6 = ו

Sumemos estos valores:

4 + 5 + 6 = 15

Calculemos el *mispar katán:*

1 + 5 = 6

Tercer grupo de la mentira

Las 3 letras que forman el tercer grupo son: *zain, jet, tet*. Y éste es su valor numérico:

7 = ז

8 = ח

9 = ט

Sumemos estos valores:

7 + 8 + 9 = 24

Calculemos el *mispar katán:*

2 + 4 = 6

Cuarto grupo de la mentira

Las 3 letras que forman el cuarto grupo son: *iud, kaf, lamed*. Y éste es su valor numérico:

10 = י

20 = כ

30 = ל

Sumemos estos valores:

10 + 20 + 30 = 60

Calculemos el *mispar katán:*

6 + 0 = 6

Quinto grupo de la mentira

Las 3 letras que forman el quinto grupo son: *mem, nun, samej.* Y éste es su valor numérico:

$$40 = מ$$
$$50 = נ$$
$$60 = ס$$

Sumemos estos valores:

40 + 50 + 60 = 150

Calculemos el *mispar katán:*

1 + 5 + 0 = 6

Sexto grupo de la mentira

Las 3 letras que forman el sexto grupo son: *ain, pe, tzadi.* Y éste es su valor numérico:

$$70 = ע$$
$$80 = פ$$
$$90 = צ$$

Sumemos estos valores:

70 + 80 + 90 = 240

Calculemos el *mispar katán:*

2 + 4 + 0 = 6

Séptimo grupo de la mentira

Las 3 letras que forman el sétimo grupo son: *kuf, reish, shin*. Y éste es su valor numérico:

$$100 = ק$$
$$200 = ר$$
$$300 = ש$$

Sumemos estos valores:

100 + 200 + 300 = 600

Calculemos el *mispar katán:*

6 + 0 + 0 = 6

Octavo grupo de la mentira

Las 3 letras que forman el octavo grupo son: *tav, kaf* final, *mem* final. Y éste es su valor numérico:

$$400 = ת$$
$$500 = ך$$
$$600 = ם$$

Sumemos estos valores:

400 + 500 + 600 = 1.500

Calculemos el *mispar katán:*

1 + 5 + 0 + 0 = 6

Noveno grupo de la mentira

Las 3 letras que forman el noveno grupo son: *nun* final, *pe* final, *tzadi* final. Y éste es su valor numérico:

$$700 = ן$$
$$800 = ף$$
$$900 = ץ$$

Sumemos estos valores:

700 + 800 + 900 = 2.400

Calculemos el *mispar katán:*

2 + 4 + 0 + 0 = 6

Se aprecia claramente que comenzando a estudiar por la letra *bet* de *Bereshit,* se llegará a la verdad; mas si se violaren las reglas y se deseare observar lo que hay antes de *bet,* los estudios serán erróneos e incorrectos, llenos de falsedad.

XVII
LETRAS PUNTUADAS EN LA TORÁ

Dijo Rabí Shimón ben Elazar: «En todo lugar de la Torá en el que tú hallas que la escritura –las letras sin puntuar– son más que las letras puntuadas, es una indicación para que realices una deducción. Entonces tú disertas la escritura –las letras sin puntuar–, quitando las letras puntuadas, que son las menos, y obtienes una nueva palabra formada por las letras sin puntuar».

Y también dijo: «Sin embargo, si las letras de la palabra que están puntuadas son más que la escritura –las letras sin puntuar–, tú disertas las letras puntuadas, quitando las letras sin puntuar, que son las menos, y obtienes una nueva palabra formada solamente por las letras puntuadas» (Midrash Rabá Génesis 48:15).

Una norma de ética aprendida de los ángeles

Veamos un ejemplo: en el libro del Génesis está escrito: «El Eterno se le apareció –a Abraham– en la planicie de Mamre mientras estaba sentado en la entrada de la tienda, en pleno calor del día. Alzó sus ojos y miró: he aquí que había tres hombres –tres ángeles con aspecto de hombres– ubicados frente a él. Él los vio y corrió hacia ellos desde la entrada de la tienda, y se postró sobre el terreno. Y dijo: Señores míos, si he hallado gracia en tus ojos, por favor no sigas de largo ante tu sirviente. Que traigan un poco de agua y lavad vuestros pies, y reclinaos debajo del árbol.

Iré a buscar un trozo de pan para que tengáis sustento, después continuaréis, por cuanto ya habréis pasado por el camino de vuestro sirviente. Dijeron ellos: Haz como dices, tal como has dicho. Abraham se apresuró a la tienda, a Sara, y dijo: ¡De prisa ¡Tres medidas de harina, de sémola; amásala y haz tortas! Y Abraham fue corriendo al ganado vacuno, tomó un ternero, tierno y bueno, y se lo dio al joven, quien lo preparó enseguida. Tomó crema y leche y el ternero que había hecho, y lo colocó delante de ellos; y se ubicó frente a ellos, debajo del árbol, y ellos comieron» (Génesis 18:1-8).

A continuación está escrito: «Ellos le –*elaiv*– dijeron: ¿Dónde está Sara tu mujer? Y él dijo: ¡Está en la tienda!» (Génesis 18:9).

Ahora bien, por tradición se sabe que la expresión *elaiv* se puntúa en el rollo de la Torá del siguiente modo: las letras *alef, iud,* y *vav* se puntúan; en cambio la letra *lamed* no se puntúa.

אֵלָיו

Resulta que las letras de la palabra que están puntuadas son más que la escritura –las letras sin puntuar–; por lo tanto, tú disertas las letras puntuadas, quitando la letra *lamed,* que no está puntuada. Quedan las letras *alef, iud* y *vav* que están puntuadas, y forman la palabra: *aió,* que significa: «¿Dónde está él?». Es decir: «¿Dónde está Abraham?».

איו

Esta conjetura sigue lo enseñado por Rabí Azaria, quien manifestó: Los ángeles dijeron a Abraham: «¿Dónde está Sara tu mujer?». Y ellos formularon esta pregunta sabiendo dónde ella se encontraba; mas era su intención destacar sus virtudes ante su marido, y provocar que éste la aprecie más aún. Y del mismo modo procedieron con su esposa; le dijeron a Sara: «¿*Aió* Abraham?». Es decir: «¿Dónde está Abraham?». E hicieron esto pese a que sabían dónde se encontraba, mas era su intención destacar sus virtudes ante su mujer, y provocar que ésta lo aprecie más aún (Midrash Rabá Génesis 48:15).

XVIII
ESCALAS DE LETRAS

En los libros de Cábala, es frecuente encontrar la aplicación de un sistema de intercambio de letras consistente en considerar las escalas de las mismas. Es decir, se puede utilizar una escala descendente, buscándose la letra que se encuentra detrás en el alfabeto y se la reemplaza; o se utiliza una escala ascendente, buscándose la letra que se encuentra a continuación en el alfabeto y se la reemplaza.

Escala descendente

Ésta es la tabla completa de reemplazos por la letra anterior:

כ	← ל	ת	← א
ל	← מ	א	← ב
מ	← נ	ב	← ג
נ	← ס	ג	← ד
ס	← ע	ד	← ה
ע	← פ	ה	← ו
פ	← צ	ו	← ז
צ	← ק	ז	← ח
ק	← ר	ח	← ט
ר	← ש	ט	← י
ש	← ת	י	← כ

257

Escala ascendente

Ésta es la tabla completa de reemplazos por la letra posterior:

מ	=	ל	ב	=	א
נ	=	מ	ג	=	ב
ס	=	נ	ד	=	ג
ע	=	ס	ה	=	ד
פ	=	ע	ו	=	ה
צ	=	פ	ז	=	ו
ק	=	צ	ח	=	ז
ר	=	ק	ט	=	ח
ש	=	ר	י	=	ט
ת	=	ש	כ	=	י
א	=	ת	ל	=	כ

Aplicación de la escala de Letras

En el apéndice escrito por Rabí Moshé Iserlish al Código Legal –Shulján Aruj–, se aprecia la aplicación de este sistema. Pues en el apartado destinado al enunciado de las leyes de la *mezuzá* se declara: Está prohibido incrementar algo en ella. Mas en la parte exterior se escribe el nombre de Dios Shadai frente a la palabra *vehaiá* que se encuentra en el interior del pergamino (Código Legal –Shulján Aruj– Iorá Deá 288:16).

Explicaremos brevemente este enunciado: en el cap. XVIII de esta obra hemos mencionado que la *mezuzá* debe ser escrita sobre un pergamino, el cual ha de contener dos secciones de la Torá. Las mismas son: la sección denominada: «Oye Israel»

(Deuteronomio 6:4-9), y la sección denominada: «Y será si oyeres» (Deuteronomio 11:13-21).

La sección denominada «Y será si oyeres», en el original hebreo comienza con la palabra *vehaiá*. Ahora bien, la escritura de la *mezuzá* se realiza en la parte interior del pergamino, y como se enunció en la ley, se prohíbe agregar. Mas en la parte de afuera del pergamino sí se acostumbra a escribir el nombre de Dios Shadai, y se procura que coincida con el texto que se encuentra del otro lado del pergamino, en la parte interior, donde está escrita la palabra *vehaiá*.

El apéndice de Ramá

Veamos ahora lo que agrega el sabio Moshé Iserlish –Ramá– en su apéndice: «Hay quien dice que se lo escribe en el espacio que hay entre las dos secciones (Tur). Y así es nuestra costumbre. Asimismo se hace un agujero en el estuche frente al nombre Shadai, para que se vea por fuera».

Es decir, de acuerdo con esta explicación, el nombre de Dios Shadai se escribe en la parte exterior del pergamino, en el espacio que hay entre ambas secciones –en la parte de adentro del pergamino–. Y se hace un agujero en el estuche que contiene el pergamino de la *mezuzá,* para que ese nombre sea visto exteriormente.

A continuación está escrito en el apéndice: además, se acostumbra a escribir en la parte exterior estas palabras:

כוזו במוכסז כוזו

Estas expresiones se escriben frente a: «El Eterno, Nuestro Dios, El Eterno» (Deuteronomio 6:4) (Tur). Y debe enrollarse el pergamino de la *mezuzá* para ser introducido en el estuche de modo que cada letra de estas palabras que se escriben en la parte exterior del pergamino quede frente a la letra que le corresponde de acuerdo con su correspondencia en el alfabeto. Mas en el interior no se debe agregar nada (Código Legal –Shulján Aruj– Iorá Deá 288:16; Hagaá).

Esta ley establece que las letras de los nombres de Dios expresados en Deuteronomio 6:4 deben ser convertidas de acuerdo con la escala ascendente de intercambios. Este procedimiento origina las palabras que se escriben en el reverso del pergamino y deben ser ubicadas en paralelo a los nombres de Dios indicados.

Veámoslo gráficamente:

Está escrito: Oye Israel, El Eterno es nuestro Dios, el Eterno es uno (Deuteronomio 6:4).

«El Eterno es nuestro Dios, el Eterno», en el original hebreo está escrito así:

יהוה אלהינו יהוה

Veamos la correspondencia de estas letras de acuerdo con la escala ascendente:

כ	=	י		ב	=	א		כ	=	י
ו	=	ה		מ	=	ל		ו	=	ה
ז	=	ו		ו	=	ה		ז	=	ו
ו	=	ה		כ	=	י		ו	=	ה
				ס	=	נ				
				ז	=	ו				

Se aprecia que los nombres de Dios originales, al aplicárseles la transformación de acuerdo con la correspondencia de la letra que se encuentra a continuación en la escala ascendente, genera este resultado:

כוזו במוכסז כוזו

Se trata de nombres de Dios que protegen y resguardan magníficamente. Por eso se los ubica en esa posición, frente a los nombres: «El Eterno es nuestro Dios, el Eterno».

XIX
SISTEMAS COMBINADOS

Los que hemos visto son los sistemas básicos de combinaciones de letras y valores numéricos. Ahora bien, en ocasiones, estos sistemas se combinan entre sí. A continuación apreciaremos algunas de esas combinaciones.

SISTEMA DE INTERCAMBIO *AT-BASH*
MÁS LA SUMA DE LA *GUEMATRIA* SIMPLE

El sistema de intercambio de letras en orden inverso, denominado *At-bash,* puede combinarse con el valor numérico simple de la palabra.

Para ello se suma el valor obtenido en *At-bash,* al valor de la *guematria* común. El resultado obtenido se utilizará para realizar la comparación que se desee llevar a cabo.

Veamos un ejemplo. En el Génesis consta esta declaración: «El Eterno le dijo a Abram: Vete de tu tierra, de tus familiares y de la casa de tu padre, a la tierra que he de mostrarte. Y Yo te convertiré en una gran nación; te bendeciré y engrandeceré tu nombre, y tú serás una bendición. Bendeciré a aquellos que te bendijeren, y al que te maldijere, lo maldeciré; y todas las familias de la Tierra se bendecirán en ti» (Génesis 12:1-3).

¿Por qué razón lo referente a los que le bendijeren se encuentra expresado en número plural y, en cambio, lo relacionado con el que le maldijere fue mencionado en singular?

«Aquellos que te bendijeren», alude a los sacerdotes, descendientes de Aarón, de la tribu de Levi. Como está escrito: «El Eterno habló a Moisés, diciendo: Háblales a Aarón y a sus hijos, diciendo: Así bendeciréis a los Hijos de Israel, diciéndoles: "Que El Eterno te bendiga y te guarde. Que El Eterno ilumine Su rostro para ti y te otorgue Su gracia. Que El Eterno eleve Su rostro hacia ti y establezca para ti la paz". Que pongan Mi Nombre sobre los Hijos de Israel y Yo los bendeciré (Números 6:22-27) (*Véase* Baal Haturim Génesis 12:3).

«Y al que te maldijere», alude a Bilam el hechicero.

Veamos donde está aludido: «Y al que te maldijere» está escrito mediante la locución *umekaleleja*, que con letras hebreas se escribe así:

ומקללך

Éste es el valor numérico:

6	=	ו
40	=	מ
100	=	ק
30	=	ל
30	=	ל
20	=	ך
226		

Veamos ahora el valor numérico de *umekaleleja* según el sistema *At-bash:*

$$
\begin{array}{rcl}
80 & = & \text{פ} \leftarrow \text{ו} \\
10 & = & \text{י} \leftarrow \text{מ} \\
4 & = & \text{ד} \leftarrow \text{ק} \\
20 & = & \text{כ} \leftarrow \text{ל} \\
20 & = & \text{כ} \leftarrow \text{ל} \\
30 & = & \text{ל} \leftarrow \text{ך} \\
\hline
164 & &
\end{array}
$$

Hemos llegado a la conclusión que la *guematria* simple de «y al que te maldijere —*umekaleleja*» es igual a 226. Y su valor numérico en *At-bash* es 164.

Sumando ambos valores resulta:

226 + 164 = 390

Sumémosle ahora el valor intrínseco 1:

390 + 1 = 391

En conclusión: considerando la *guematria* de la palabra *umekaleleja*, más su valor numérico en *At-bash*, y añadiéndole el valor intrínseco 1, resulta que la misma posee un valor numérico igual a 391.

Bilam el hechicero

Ahora bien, ¿a qué se refiere este valor obtenido?

Para saberlo consideremos que, tal como hemos dicho, el valor numérico de la expresión *umekaleleja* es 226. Y la expresión *kosem haiá*, que significa «era hechicero», posee la misma *guematria*.

100	=	ק
6	=	ו
60	=	ס
40	=	מ
5	=	ה
10	=	י
5	=	ה
226		

Ahora bien, ¿a qué hechicero específico se refiere esta declaración? A Bilam. Pues la *guematria* de «este es Bilam el hechicero», que en hebreo se expresa mediante la locución *zehu haia Bilam hakosem*, es ésta:

5 = ה	2 = ב	5 = ה	7 = ז
100 = ק	30 = ל	10 = י	5 = ה
6 = ו	70 = ע	5 = ה	6 = ו
60 = ס	40 = מ		
40 = ם			
211	142	20	18

Sumemos estos valores:

211 + 142 + 20 + 18 = 391

Se aprende que considerando la *guematria* de la palabra *umekaleleja*, más su valor en *At-bash*, y añadiéndole el valor intrínseco 1, se revela que «y al que te maldijere», se refiere a Bilam el hechicero, quien fue contratado por Balak para maldecir al pueblo de Israel. Como está escrito: «Balak, hijo de Tzipor, vio todo lo que Israel le había hecho al amorreo. Moab se asustó mucho del pueblo, porque era numeroso, y Moab sintió aversión por él. Moab les dijo a los ancianos de Midián: Ahora la congregación lamerá todo lo que nos rodea, igual que el toro lame la vegetación del campo; y Balak, hijo de Tzipor, era rey de Moab en aquel tiempo. Él envió mensajeros a Bilam, hijo de Beor, a Petor, que está junto al río de la tierra de los miembros de su pueblo, para convocarlo, diciendo: he aquí que un pueblo ha salido de Egipto, y he aquí que ha cubierto la faz de la tierra y se asienta frente a mí. Ahora, por favor, ven y maldice a este pueblo por mí, pues es demasiado poderoso para mí; tal vez pueda atacarlo y expulsarlo de la tierra. Pues yo sé que aquel al que tú bendices es bendito y aquel al que tu maldices es maldito» (Números 22:2-6).

A continuación se narra que Bilam aceptó el ofrecimiento y fue con los mensajeros de Balak. El brujo intentó maldecir a Israel en reiteradas ocasiones, pero Dios se lo impidió siempre, por eso se resignó y desistió. Como está escrito: «Bilam vio que era bueno a los ojos de El Eterno bendecir a Israel, por lo que no fue como las otras veces hacia las adivinaciones, sino que dirigió su rostro hacia el Desierto. Bilam alzó sus ojos y vio que Israel habitaba según sus tribus y el espíritu de Dios estuvo sobre él. Proclamó su parábola y dijo: las palabras de Bilam hijo de Beor, las palabras del hombre del ojo abierto; las palabras del que oye lo que dice Dios, el que ve la visión del Todopoderoso, estando tendido y con los ojos descubiertos: ¡Qué buenas son tus tiendas, Jacob, tus vecindades, Israel! Se extienden como arroyos, como jardines junto a un río; son como los árboles aromáticos plantados por El Eterno —en el Jardín del Edén—, como cedros junto al agua. El agua emanará de sus pozos y su simiente estará junto a aguas abundantes. Su rey será exaltado sobre Agag y su reino será encumbrado. Es Dios el que lo sacó de Egipto, de acuerdo con el poder de Su exaltación. Él consumirá las naciones que lo oprimen y aplastan sus huesos, y sus saetas las atravesarán. Se agazapó y se echó como un león, como un cachorro de león, ¿quién lo levantará? Los que te bendicen son bendecidos y los que te maldicen son malditos» (Números 24:1-10) (Sefer Guematriot de Rabeino Iehuda Hajasid, sección Lej Leja).

Sistema de intercambio *At-bash* más la suma del acróstico:

En ciertas ocasiones se combina el sistema *At-bash* con el producto de un acróstico. Por ejemplo, se realiza la conversión de una frase al sistema *At-bash* y después se le suma al valor resultante el producto del acróstico formado por las letras finales de esas palabras.

A este resultado se lo compara con el de cualquier otra *guematria*. Asimismo, en caso de existir un excedente, también se lo observa para interpretarlo debidamente.

Veamos un ejemplo: en el comienzo del quinto libro del Pentateuco, Deuteronomio, se mencionan las palabras que Moisés transmitía al pueblo antes de su muerte. Les reprochaba a los Hijos de Israel por los errores cometidos y los alentaba a rectificarse y obedecer a El Eterno. En medio de esa disertación encontramos esta declaración: «Partimos de Jorev y atravesamos todo ese gran e imponente desierto que habéis visto, por el camino de la montaña amorrea, tal como El Eterno, nuestro Dios, nos ordenó; y llegamos a Kadesh Barnea. Entonces os dije: ¡Habéis llegado hasta la montaña amorrea que El Eterno, nuestro Dios, nos otorga!».

A continuación Moisés se expresó en singular, dijo: «Observa, El Eterno, tu Dios, ha colocado la Tierra ante ti; sube y poséela, tal como El Eterno, el Dios de tus antepasados ha hablado ante ti, no temas ni te quebrantes».

Después de transmitir este mensaje especial, volvió a dirigirse a ellos en plural, les dijo: «Todos vosotros os acercasteis a mí y dijisteis: ¡Enviemos hombres delante de nosotros y que espíen para nosotros la Tierra; que ellos nos traigan un informe acerca del camino por el que debemos ascender y las ciudades a las que debemos llegar! La idea fue buena a mis ojos y tomé de vosotros doce hombres, un hombre por cada tribu. Ellos se encaminaron y subieron a la montaña, y llegaron hasta el Valle de Eshkol y lo espiaron. Tomaron en sus manos de los frutos de la Tierra y nos los trajeron; nos trajeron informe y dijeron: ¡Buena es la Tierra que nos da El Eterno, nuestro Dios! Pero no quisisteis ascender, os rebelasteis contra la palabra de El Eterno, vuestro Dios. Difamasteis en vuestras tiendas y dijisteis: A causa de Su odio a nosotros El Eterno nos sacó de la tierra de Egipto para entregarnos en la mano de los amorreos y que éstos nos destruyan. ¿Adónde subiremos? Nuestros hermanos han quebrantado nuestros corazones, diciendo: ¡Un pueblo más grande y más encumbrado que Él, ciudades grandes y fortificadas hasta los Cielos, y también a los hijos de los gigantes hemos visto allí! Entonces yo os dije: ¡No os quebrantéis y no les temáis! El Eterno, vuestro Dios, Quien va delante de vosotros, Él combatirá por vosotros, como todo lo que ha hecho para vosotros en Egipto, ante vuestros propios ojos. Tal como habéis visto en el desierto, que El Eterno, vuestro Dios, os cargó como un hombre carga a su hijo, durante todo el camino que transitasteis hasta que llegasteis a este lugar. ¡Pero en este asunto no creéis en El Eterno, vuestro Dios, Quien va delante de vosotros por el camino para buscar un lugar para que acampéis, para mostraros el camino que debéis transitar con fuego de noche y con una nube de día! El Eterno oyó la voz de vuestras palabras y se encolerizó y juró, diciendo: ¡Ni una sola de estas personas, de esta generación mala, verá la buena Tierra que Yo juré daría a vuestros antepasados. Excepto Kalev, hijo de Iefune: él la verá, y a él le daré la Tierra sobre la que anduvo, y a sus hijos, porque él fue íntegramente tras El Eterno! También conmigo Se enojó El Eterno a causa de vosotros, diciendo: ¡Tú tampoco irás allá! (Deuteronomio 1:19-37).

Ahora que hemos apreciado los rasgos más trascendentales de la reprenda de Moisés, nos detendremos a analizar la expresión manifestada por él al final: «también conmigo». La misma culmina todo este suceso narrado de un modo notorio y ejemplar, digno de alabanza, encerrando un mensaje intrínseco sumamente valioso. Ya que merced a su gran humildad Moisés se considera el receptor del enojo de El Eterno contra él, e incluye en forma oculta a sus dos hermanos, Aarón y Miriam.

Veámoslo detalladamente: «También conmigo», en el original hebreo está escrito mediante la locución *gam bi*. Esta expresión con letras hebreas se escribe así:

גם בי

Reemplacemos las letras de estas palabras por su equivalente, de acuerdo con el sistema *At-bash:*

ר ← ג

י ← ם

שׁ ← ב

מ ← י

Ahora, calculemos el valor numérico:

200	=	ר
10	=	י
300	=	שׁ
40	=	מ
550		

Resulta que el valor numérico de *gam bi* en *At-bash* es igual a 550.

Ahora, calculemos el valor numérico del acróstico que se forma con las letras finales de *gam bi:*

40 ← מ ← גם
10 ← י ← בי

40 + 10 = 50

Sumemos el valor de *gam bi* en *At-bash* más el acróstico formado por las letras finales de estas palabras:

550 + 50 = 600

Los dos hermanos

En esta expresión *gam bi* está indicado Moisés y también su hermano Aarón, pues estos dos nombres se escriben así con letras hebreas:

משה אהרן

Éste es el valor numérico:

$$
\begin{aligned}
40 &= \text{מ} \\
300 &= \text{ש} \\
5 &= \text{ה} \\
1 &= \text{א} \\
5 &= \text{ה} \\
200 &= \text{ר} \\
\underline{50} &= \text{ן} \\
601 &
\end{aligned}
$$

Se aprecia que el valor numérico de *gam bi* es 600 y el de Moisés y Aarón 601. O sea, 1 más que el valor de *gam bi*. ¿A quién alude ese 1 más? A Miriam, la hermana de Moisés y Aarón (Sefer Guematriot de Rabeino Iehuda Hajasid, sección Shlaj Leja).

La suma de la fe

A continuación apreciaremos un cálculo consistente en la suma de la *guematria* más las letras que forman la palabra y el agregado del valor intrínseco 1.

En el cap. VI se observó esta ecuación: El nombre de Dios, el Tetragrama, se escribe así:

$$י - ה - ו - ה$$

Éste es su valor numérico:

$$י = 10$$
$$ה = 5$$
$$ו = 6$$
$$ה = 5$$
$$\overline{26}$$

Se aprecia que el valor numérico del nombre de El Eterno es 26. Y como tiene cuatro letras, las mismas se suman al valor numérico:

26 + 4 = 30

Así, tres nombres de El Eterno suman 90, igual que el valor de las 15 letras *vav* que hay en el comienzo de las palabras que se encuentran al inicio de la bendición que sigue al *Shemá*. A través de estos 3 nombres de El Eterno se completan las 248 palabras del Shemá (Shulján Aruj Oraj Jaim 61:3).

Ahora bien, en el apéndice del Código Legal escrito por el sabio Moisés Iserlish, se agregó esta explicación: Existe otra razón acerca del asunto mencionado, y es que la sumatoria de las 15 letras *vav* suman 90; y si se le añade la voz de la pronunciación de la palabra –el valor intrínseco 1–, el resultado será igual a 91. Corresponde con el nombre de El Eterno tal como se escribe y como se pronuncia.

Pues se escribe así:

$$ה - ו - ה - י$$

Y se pronuncia así:

$$י - נ - ד - א$$

Sumemos el valor numérico de estos dos nombres de El Eterno, el correspondiente a la escritura y el correspondiente a la pronunciación:

א	= 1	י	= 10
ד	= 4	ה	= 5
נ	= 50	ו	= 6
י	= 10	ה	= 5
	65		**26**

Sumemos a ambos valores:

65 + 26 = 91

Resulta que al concentrarse en este procedimiento, es como si el individuo hubiera dicho: «El Eterno, Hashem, es verdad», que en hebreo se pronuncia mediante tres palabras (Ramá en Shulján Aruj Oraj Jaim 61:3).

Asimismo, este valor 91 coincide con el valor numérico de la declaración de fe *amén* (Mishná Brurá Ibíd.).

Pues *amén* con letras hebreas se escribe así:

אמן

Éste es su valor numérico:

א	=	1
מ	=	40
ן	=	50
		91

XX
PALABRAS FINALES

Los sistemas de combinaciones de letras que hemos visto son los más utilizados por los sabios de Israel. El conocimiento de estos fundamentos es sumamente importante, pues se trata de la herramienta idónea para comprender las ecuaciones y disertaciones mencionadas en los libros de cábala y numerología. Este saber es la llave para abrir la puerta de esos estudios, los cuales son fascinantes, instructivos y educativos. Ya que además de generar nuevos conocimientos, ayudan a mejorar la calidad de vida. A través de los mismos se consigue entender mejor el mundo que nos rodea, nuestro propio interior y todos los aspectos de la creación.

Considérese que El Santo, Bendito Sea, ha dispuesto en las letras poderes especiales. Y los mismos están al alcance de un ser humano debidamente iniciado en el tema, para que los utilice. Por su intermedio se puede rectificar la creación, sanar, e incluso crear. Como se enseña en el Talmud: Raba creó una persona y la envió a Rabí Zeira. Éste le habló y el hombre no le respondía. Entonces dijo: «Tú eres obra de los compañeros; ¡Retorna al polvo!». En tanto Rabí Janina y Rabí Oshaia cada víspera de Shabat se sentaban a estudiar e interpretar el Sefer Ietzirá. Ellos –a través de las combinaciones de letras que allí se mencionan– creaban una ternera y la comían (Talmud, tratado de Sanhedrín 65b).

Este poder que El Santo, Bendito Sea, introdujo en las letras es magnífico. Dominando los ordenes de las combinaciones y conociendo las propiedades intrínsecas de las letras es posible realizar maravillas. Observad este asombroso suceso que consta en el Midrash Talpiot a modo de ejemplo:

Un joven que se hallaba frecuentemente en el palacio y veía al rey, fue encontrado muerto, y los judíos fueron acusados de haberlo asesinado. Debido a ello estaban en medio de un gran peligro. Mas había allí un sabio cabalista que conocía los misterios de las letras, y lo revivió para que confesase quién lo había asesinado. Para ello escribió en su frente las letras de la palabra *emet,* que significa verdad.

אמת

El joven se incorporó y se puso de pie. Declaró ante el rey y confesó quién lo había matado. Después el sabio borró la letra *alef,* que es la inicial de la palabra *emet,* y quedó escrito en su frente *met,* que significa muerto.

מת

El joven cayó y murió. Como consecuencia de este suceso se divulgó el poder de las letras de nuestra sagrada Torá ante muchos pueblos, y así fue santificado el nombre de El Santo, Bendito Sea (Midrash Talpiot anaf otiot).

Estas 22 letras con las que fue escrita la Torá nos permiten comunicarnos con nuestros semejantes y con Dios. Asimismo, a través de las mismas podemos estudiar la Torá y comprender la voluntad de El Santo, Bendito Sea, y seguir sus instrucciones. Entonces, siendo obedientes a estas normas, se conseguirá alcanzar el mérito de ingresar al Jardín del Edén y vivir por siempre en medio de una inmensa felicidad.

A continuación, apreciaremos una bella enseñanza que describe detalles del camino que conduce a la meta tan ansiada.

El Jardín del Edén

En el Génesis se describe el hermoso Jardín que Dios había plantado en la Tierra para que el hombre disfrutase. Como está escrito: «El Eterno Dios plantó un Jardín en el Edén, hacia el este, y allí colocó al hombre que había formado. Y El Eterno Dios hizo que brotaran de la tierra todos los árboles que eran agradables a la vista y buenos como alimento; y el árbol de la vida, en medio del Jardín, y el árbol del conocimiento del bien y del mal. Del Edén surge un río que riega el Jardín, y de allí se divide y se transforma en cuatro cursos de agua» (Génesis 2:8-10).

Este Jardín era maravilloso. Todo lo que le hacía falta al hombre para vivir plácidamente lo encontraba en ese lugar. Adán, mientras conservó su santidad y pureza moraba en el Jardín del Edén y se deleitaba con todos los placeres que allí había dispuestos para que los disfrutase. Los ángeles acudían a servirle, preparaban para él carne asada, y le colaban vino (Avot de Rabí Natán 1:8).

Pero ocurrió que el hombre incumplió el mandamiento de Dios y fue expulsado de ese sitio maravilloso. Como está escrito: «Y la mujer percibió que el árbol era bueno como alimento, y que era un deleite para los ojos, y que el árbol era deseable como un medio para alcanzar la sabiduría, y ella tomó de su fruto y comió; y también le dio a su marido junto con ella, y él comió» (Génesis 3:6). Por eso: «El Eterno Dios lo depuso del Jardín del Edén, para que trabajara la tierra de la que había sido tomado» (Génesis 3:23).

Antes bien, después del error cometido y las consecuencias sufridas, ¿existe algún modo de rectificar la falta del primer hombre?

Los sabios han revelado que sí, es posible. Quien observare los preceptos indicados por El Santo, Bendito Sea, se ameritará ingresar al Jardín del Edén. Como está dicho: «Se saciarán de la abundancia de Tu casa; y beberán del torrente de Tus delicias» (Salmos 36:9). La expresión delicias en el original hebreo está escrita mediante la locución *adaneija*, que proviene del término *edén*. Dijo Rabí Elazar el hijo de Rabí Menajem: Considérese que no está escrito *adaneja* en singular, sino *adaneija*, en plural. Se aprende que cada justo posee un Edén independiente dentro del Jardín, de acuerdo con su honor, en mérito de las obras que hizo en este mundo (Vaikrá Rabá 27a; Reshit Jojmá Ahabá 6:64).

El goce supremo

En el caso en que el individuo lo mereciere, siete días después de morir, su alma ingresará al sitio que le correspondiere por el camino de la Cueva de Majpela. Allí verá maravillosas visiones y será conducido al Jardín del Edén. En el trayecto se encontrará con los querubines y el filo de la espada giratoria que protege al árbol de la vida. Como está escrito: «Y al expulsar al hombre, Él colocó al este del Jardín del Edén los querubines y el filo de la espada giratoria para custodiar el camino que conduce al árbol de la vida» (Génesis 3:24). Al llegar, si lo mereciere, le abrirán las puertas e ingresará.

En aquel sitio se encuentran cuatro ángeles dispuestos para recibir al alma que llega. Ellos son Mijael, Gabriel, Uriel y Refael, quienes poseen en sus manos la forma del cuerpo que la persona se ha ameritado y ha formado a través de sus obras que realizó en su estadía en el mundo. Y el alma se inviste en el mismo con alegría. Después residirá en la morada del Jardín del Edén inferior el tiempo que le fuere asignado. Posteriormente, un heraldo proclamará y anunciará que esa alma está lista para ascender al Jardín del Edén superior.

Una creación fabulosa

El Jardín del Edén inferior fue creado dos milenios antes que el mundo de lo bajo en el que moramos; la dimensión de este mundo equivale a un sesentavo del Jardín. Este Jardín se encuentra en el flanco derecho, en el extremo sureste. Y este mundo se asemeja a un niño de un día frente a su madre en comparación con el Jardín del Edén.

El suelo de este mundo está a un puño de distancia del suelo del Jardín. Y al norte de este mundo de lo bajo se encuentra el Infierno, la morada de los destructores y los ángeles dañadores, siendo la forma de este mundo semejante al aspecto de la letra *bet*.

Ahora bien, es realmente difícil, tanto para los vivos como para los muertos, llegar al Jardín del Edén, por el temor a los dañadores del Infierno, que se encuentran en el flanco norte del mundo. Por tal razón, El Santo, Bendito Sea, decretó a través de su inmensa sabiduría, que se formaran pasadizos en la Cueva de Majpela. Los mismos llegan hasta fuera de este mundo de lo bajo, alcanzando las proximidades del Jardín, para que las almas de los justos pasen por allí transitando por un camino directo, sin ser dañadas por los destructores.

Adán y Eva conocían este secreto, y se esforzaron en que su sepultura fuese en ese lugar. Y desde el día en que Adán y Eva fueron enterrados allí, se cerró la entrada de la cueva por causa de las criaturas que no conocen el grado del lugar.

Mas llegó el día en que Abraham cumplió con el precepto de circuncidarse. Y cuando aún se estaba restableciendo, El Eterno se le apareció en la planicie de Mamre mientras se encontraba sentado en la entrada de la tienda, en pleno calor del día. Abraham alzó sus ojos y observó que había tres hombres de pie frente a él. Él los vio y corrió hacia ellos desde la entrada de la tienda, y se postró sobre el terreno. Y dijo: «Señores míos, si he hallado gracia en tus ojos, por favor no sigas de largo ante tu sirviente».

«Que traigan un poco de agua y lavad vuestros pies, y reclinaos debajo del árbol. Iré a buscar un trozo de pan para que tengáis sustento, después continuaréis, por cuanto ya habréis pasado por el camino de vuestro sirviente». Dijeron ellos: «Haz como dices, tal como has dicho». Y Abraham se apresuró a la tienda, a Sara, y dijo: «¡Deprisa! ¡Tres medidas de harina, de sémola; amásala y haz tortas!». Y Abraham fue corriendo al ganado vacuno (Génesis 18:1-7).

Aconteció cuando Abraham fue con su hijo Ismael al ganado vacuno para tomar tres terneros de su vacada, que el ángel Refael fue con ellos en forma encubierta. Y después que Abraham tomó dos terneros, y los entregó al joven para que los llevase, se esforzó en tomar un tercer ternero. En ese momento el ángel Refael se le apareció con el aspecto de un magnífico y sustancial ternero.

Ello está indicado en su nombre, Refael. Sus letras forman las palabras: *par el,* que significa ternero magnífico.

Veámoslo gráficamente:

Refael en el original hebreo está escrito así:

רפאל

Sus letras forman las palabras *par el*:

פר אל

Cuando Abraham se dispuso a tomarlo, el ternero se escabullía y escapaba ligeramente. Hasta que lo condujo a la entrada de la cueva, y la cueva se abrió ante él.

Todo esto fue por una misión encomendada por el Omnipresente. Y aconteció que cuando Abraham vio a Adán y Eva enterrados allí, y al percibir el aroma del Jardín del Edén, en ese momento supo del grado del lugar. Entonces deseó ser enterrado allí; e inmediatamente el ternero se entregó en las manos de Abraham. Mas aconteció que cuando llegó a su tienda no halló más que dos terneros. Y tuvo que crear un tercer ternero a través –de una combinación de letras– del Sefer Ietzirá, para no afligirse con la comida de los huéspedes. Pues deseaba servir una lengua a cada uno, y si volvía al ganado, pasaría el tiempo de la comida. A esto se refiere lo que está escrito: «Tomó crema y leche y el ternero que había hecho, y los colocó delante de ellos; y se ubicó frente a ellos, debajo del árbol, y ellos comieron» (Génesis 18:8). «Y el ternero que había hecho», se refiere al que había hecho concretamente.

Esta cueva, es como un patio del Jardín del Edén. A esto se refiere lo que está escrito acerca de Abraham cuando adquirió la cueva de Majpela para enterrar allí a su esposa Sara: «Y Abraham se levantó y se postró ante los principales de la tierra, los hijos de Jet. Y les habló, diciendo: ¡Si es verdaderamente vuestra voluntad enterrar a mi muerta que está ante mí, escuchadme, e interceded por mí ante Efrón hijo de Tzojar. Que él me conceda la Cueva de Majpela, que es de su propiedad, que está al extremo de su campo; que me la venda por su precio total como propiedad para lugar de sepultura! Efrón estaba sentado en medio de los hijos de Jet; y Efrón el jeteo le respondió a Abraham a oídos de los hijos de Jet, ante todos los que llegaban a la puerta de su ciudad, diciendo: «No, señor mío, óyeme: Te he dado el campo, y respecto a la cueva que hay en él, te la he dado a ti; te la he dado a la vista de los hijos de mi pueblo, ve y entierra a tu muerta». Entonces Abraham se postró ante los –nobles– del pueblo de la tierra. Le habló a Efrón a oídos de los –nobles– del pueblo de la tierra, diciendo: ¡Por favor, óyeme, te daré el precio del campo; tómalo y enterraré allí a mi muerta! Efrón respondió a Abraham, diciéndole: ¡Señor mío, óyeme, una tierra que vale cuatrocientos siclos de plata, entre tú y yo, ¿qué son? Y enterrarás a tu muerta!

Abraham oyó lo dicho por Efrón y Abraham pesó ante Efrón la plata que había mencionado a oídos de los hijos de Jet, cuatrocientos siclos de plata en moneda corriente (Génesis 23:10-16).

La expresión «moneda corriente» en el original hebreo está escrita mediante la locución: *over lasojer:*

עובר לסחר

Calculemos el valor numérico de la expresión *lasojer:*

30	=	ל
60	=	ס
8	=	ח
200	=	ר
298		

Veamos ahora el valor de *oraj lagan,* que significa «camino al Jardín». Esta expresión con letras hebreas se escribe así y éste es su valor numérico:

1	=	א
6	=	ו
200	=	ר
8	=	ח
30	=	ל
3	=	ג
50	=	נ
298		

Como se aprecia, existe una igualdad numérica entre *lasojer* y *oraj lagan*. Se aprende que está indicado en esa declaración el camino al Jardín. Pero aún hay otra enseñanza encerrada en esta declaración. Pues «patio» en el original hebreo se expresa mediante la locución *jatzer*, se escribe así, y éste es su valor numérico:

8	=	ח
90	=	צ
200	=	ר
298		

Resulta que estaba indicado también que la cueva de Majpela es el patio del Jardín del Edén (Midrash Talpiot anaf Gan Edén).

Por tal razón, Abraham se esforzó en adquirir precisamente ese sitio y pagó mucho dinero por el mismo. Y cada uno de nosotros también puede adquirir el derecho de ingresar al patio del Jardín del Edén, cuyo portal conduce al interior del Jardín. Ese derecho se consigue a través de las buenas obras realizadas en este mundo, aferrándose firmemente a los preceptos de El Eterno y cumpliéndolos.

Éste es el gran objetivo que todos debemos plantearnos, y tenemos la posibilidad de conseguir, a través del correcto uso de las 22 letras del alfabeto hebreo. Las mismas que fueron utilizadas por El Eterno para escribir la Torá y transmitirnos a través de este medio el mensaje intrínseco que nos permitirá unirnos a Él para siempre mediante nuestra propia voluntad.

ÍNDICE

Prólogo 7

Capítulo I
La esencia de las letras hebreas 11
Propiedades de las letras 12
La senda de la numerología 13
Alfabeto 13
Reseña de valores numéricos 20
Aplicaciones de la numerología 21
El misterio de la creación 23
Una ecuación compleja 25
Concordancia del valor numérico 26

Capítulo II
El valor numérico expandido 29
El origen de las letras finales 29
27 caminos de abundancia 32
Visión cabalística de las 27 letras 34
El valor de las letras dobles 35
Aplicación de los valores asignados al alfabeto expandido 36
Sumatoria de todas las letras 37

Capítulo III
El valor intrínseco –kolel– 39
Una ecuación desigual 40

Fuente bíblica del valor intrínseco 41
La aplicación del valor intrínseco 43
El rendimiento de honor apropiado 44
El misterio de la carne y la leche 46
Importante alusión de las mezclas cárneas y lácteas 47
Una partera especial 49
Los fundamentos de la plegaria 52
Razón del valor de la plegaria 54
Las bendiciones fundamentadas 57

Capítulo IV
La suma de las letras que integran la palabra 65
Fuente de la inclusión de las letras 66
Aplicación práctica de la suma de las letras 69

Capítulo V
Valor completo de las letras –*milui*– 73
Tabla completa del valor *milui* 82
Aplicación del valor *milui* 82
Una ilustración de la creación 83

Capítulo VI
Sistema de disgregación de letras –*beguilguló*– 87
Aplicación del sistema *beguilguló* 88
Los 70 idiomas de la Torá 88
Una introspección profunda 89

Capítulo VII
El acrónimo –*notarikón*– 93
La aplicación del acrónimo *notarikón* 94
Novedosa interpretación de *Bereshit* 96
Acrónimo sobre Israel y la Torá 96
La Torá oral 97

Capítulo VIII
El acróstico 101
Acrósticos formados con las letras iniciales 101
Acrósticos formados con las letras finales 103
Acrósticos formados con las letras intermedias 104

Capítulo IX
El valor oculto −neelam− 107
La dimensión del mundo 107
El valor oculto parcial 109
Los 72 nombres 113
Análisis conceptual 115
Cálculo de los 72 nombres 116
Los secretos recónditos 118
Aplicación de los 72 nombres 119
Nombres de los 72 en el Génesis 119
El producto del valor revelado y el oculto 120
El poder manifestado en la creación 122

Capítulo X
Intercambio de letras opuestas −At-bash− 125
Origen del sistema *At-bash* 126
Palabras invertidas 127
Fuente bíblica de la inversión 127
Secuencias de la creación a través del sistema *At-bash* 129
El calendario y el sistema *At-bash* 141
Todas las fechas festivas 142
La razón intrínseca del Día del Perdón 147
La razón de los dos machos cabríos 149
El mal convertido en bien 152
La conversión del malvado 153
Multiplicación en *At-bash* 155
Aplicación de multiplicación en *At-bash* 161
La clave del tiempo 162

Capítulo XI
Intercambio de letras según su origen vocal 171
Letras postalveolares 171
Letras labiales 172
Letras velares 172
Letras dentales 172
Letras alveolares 172
Las propiedades del habla 173

Capítulo XII
Sistema de intercambio *Al-bam* 175
Una disertación a través del sistema *Al-bam* 176
Un jardín de mirto 178
El misterio del vuelo del ave 179
El hambre de un insaciable 180
Los moradores del infierno 182
La aplicación del sistema *Al-bam* 183
Una frase misteriosa 185
La revelación de Elías 187
El reinado de Salomón cuando era niño 189
Dos jóvenes ejemplares 190
La destrucción del Templo Sagrado 191
La fecha señalada 192

Capítulo XIII
Sistema de intercambio *Ajas-beta* 195
Una disertación a través del sistema *Ajas-beta* 196
La idolatría, causa de enfado 197
La profundización en el estudio 199
La tierra deseable 200
Un hombre limpio y puro 200
Ángeles flamígeros 201
El formidable día de Shabat 202
Aplicación del sistema *Ajas–beta* 203
La venida del Mesías envuelto en paz y verdad 204

La verdad de la Torá 205
El efecto de la fe inquebrantable 209

Capítulo XIV
El sistema de compartido del valor raíz Aik-beker 211
Aplicación del sistema *Aik-beker* 216

Capítulo XV
Sistema de Rabí Jía 217
Desarrollo del *Alef-bet* de Rabí Jía 218
Formación de decenas 218
Formación de centenas 220
Formación de 500 221
Una pareja especial 222
Alfabeto completo de acuerdo con *Alef-bet* de Rabí Jía ... 222
Formación de unidades de mil 223
Un grupo singular 224
Aplicación de *Alef-bet* de Rabí Jía 224

Capítulo XVI
El valor reducido –mispar katán– 227
Aplicación del valor reducido *–mispar katán–* 228
Concatenación de triplicidades 230
Triplicidad de unidades 231
Triplicidad de decenas 233
Triplicidad de centenas 235
La triplicidad de la Torá 237
La Mishná es triple 237
Tercer hijo, el receptor de la Torá 238
La plegaria es triple 238
Santificación triple 238
El triple pueblo de Israel 238
Nombre formado por tres caracteres 239
La tribu de Levi 239
Simiente triple 239

El tercer mes 239
El desierto de Sin 240
Tres días de purificación 240
Las 12 tribus de Israel 241
Los reyes de Israel 241
Los meses del año 242
Orden de sabiduría 242
Los grupos de la verdad 243
Los grupos de la mentira 248

Capítulo XVII
Letras puntuadas en la Torá 253
Una norma de ética aprendida de los ángeles 253

Capítulo XVIII
Escalas de letras 257
Escala descendente 257
Escala ascendente 258
Aplicación de la escala de Letras 258
El apéndice de Ramá 259

Capítulo XIX
Sistemas combinados 263
Sistema de intercambio *At-bash* más la suma
  de la *guematria* simple 263
Bilam el hechicero 265
Sistema de intercambio *At-bash*
  más la suma del acróstico 268
Los dos hermanos 271
La suma de la fe 272

Capítulo XX
Palabras finales 275
El Jardín del Edén 277
El goce supremo 278
Una creación fabulosa 279

Cuando el mar es observado desde la superficie, por ejemplo desde la cubierta de un barco, no se aprecia qué hay en su interior. En la mayoría de las ocasiones, se contemplará únicamente agua. Sin embargo, si penetrásemos en su seno, avanzando hacia el interior de las profundidades oceánicas, se abrirá ante nuestros ojos un fascinante y maravilloso mundo submarino. Una fuente de vida oculta que encierra enigmas y misterios jamás soñados ni imaginados. Misterios tan imponentes que toda nuestra vida resultaría insuficiente para conocerlos en su totalidad.

Esto mismo acontece con las enseñanzas del Talmud y la Cábala, que encierran misterios y enigmas intrínsecos, cuya existencia la mayoría de las personas desconoce. En este libro, el autor nos transporta a la profundidad de los mares de conocimiento que fluyen del Talmud y la Cábala, llevándonos a conocer muchos de esos misterios.